国家自然科学基金项目管理科学与工程系列

# 石油价格波动对经济的影响
# 及其预警知识库系统研究

鞠可一  周德群  著

国家自然科学基金青年项目(编号:71203081)  研究成果

科学出版社

北 京

## 内 容 简 介

本书以石油价格安全及预警为切入点,利用知识管理、人工智能、Hilbert-Huang 频谱分析、案例推理等分析工具在石油价格与经济波动的关联关系方面进行了定性和定量的研究。本书突破了传统的统计与计量模型的束缚,从石油价格数据本身出发,对具有非线性及混沌特征的石油价格的波动规律、石油价格与经济的关联关系、石油价格危机预警等多个方面进行了广泛而深入的研究,为能源安全、石油安全以及石油价格安全的精确评估及有效预警提供了新的思路,也是作者的一次大胆尝试。

本书对于从事预警理论和能源系统科学研究的研究人员、政府有关决策和管理部门的工作人员、原油市场交易和相关企业的从业人员具有一定的参考价值。同时,本书也适合高等院校管理学院、金融学院、经济学院等相关专业的师生阅读。

**图书在版编目(CIP)数据**

石油价格波动对经济的影响及其预警知识库系统研究/鞠可一,周德群著.—北京:科学出版社,2015

(国家自然科学基金项目管理科学与工程系列)

ISBN 978-7-03-046004-2

Ⅰ.①石… Ⅱ.①鞠… ②周… Ⅲ.①石油价格-物价波动-经济影响-研究 Ⅳ.①F407.225

中国版本图书馆 CIP 数据核字(2015)第 246162 号

责任编辑:魏如萍 王景坤/责任校对:马显杰
责任印制:霍 兵/封面设计:蓝正设计

**科学出版社** 出版

北京东黄城根北街 16 号
邮政编码:100717
http://www.sciencep.com

**北京通州皇家印刷厂** 印刷
科学出版社发行 各地新华书店经销

\*

2016 年 1 月第 一 版 开本:720×1000 1/16
2016 年 1 月第一次印刷 印张:11 1/4
字数:230 000

**定价:68.00 元**
(如有印装质量问题,我社负责调换)

# 前　言

　　石油价格系统是一个典型的复杂系统。石油资源天然的稀缺性及其分布的不均衡性，使得石油价格除了会受到供求关系的影响外，还易受经济形势、国际关系、突发事件、投机行为等诸多其他因素的影响，任何环节的微小变化都有可能造成石油价格的剧烈波动。与此同时，石油价格波动对经济产生的影响也越来越明显。早在 1983 年，著名经济学家 Hamilton 就指出，从第二次世界大战到1983 年，全球 7/8 的经济萧条都伴随着高油价的出现。不断增大的供需缺口和日益上涨的石油价格，已经严重威胁到了我国的石油价格安全和经济安全，石油价格波动对经济的影响已经成为一个不可回避的现实问题。

　　预警是保障石油价格安全和经济稳定发展的有效手段，通过开展石油价格波动对经济影响的预警研究，可以实时、有效地对石油价格及经济运行状况进行监控，有针对性地对油价及经济运行过程中的不稳定因素进行干预和微调，从而减少石油价格波动对国民经济造成的冲击。然而大量的实证结果表明，现有的危机预警理论不足以探求国际石油价格波动的驱动机制，无法深入挖掘石油价格波动对经济影响的表现特征，因而也就无法为石油价格波动对经济可能造成的影响提供有效的预警信号。

　　本书的研究建立在全新的预警理论基础之上，将数据挖掘技术和人工智能方法融入预警理论中，构建预警知识库系统。通过理论推导和系统分析，对石油价格波动及其对经济的影响展开实证分析和仿真研究。论文的主要工作和研究创新如下：

　　（1）选用 1986～2009 年美国西得克萨斯轻质（WTI）原油周平均价格作为研究对象，探寻隐藏在石油价格波动过程中的周期性特征，为预警知识库系统的构建提供周期选择的依据。研究发现，石油价格波动的最小周期为 4 周（1 个月）左右，且大规模石油危机的爆发周期约为 12 年。这一结论也可由历次石油危机的时间得到验证。已有的 4 次石油危机分别发生在：1973 年、1978 年、1990 年、2002 年，除了前两次的石油危机间隔周期较短（仅为 5 年）外，其余石油危机爆发的周期均为 12 年。

　　（2）采用 AHHDOD 算法，将石油价格波动对经济的影响以经济的"离群"特征来描述，用离群点的数量来衡量经济对石油价格波动的敏感程度。借助国际比较，探讨不同国家经济与石油价格之间的联动波动关系。结果表明，中国是受油价波动影响最为明显的国家，其次是印度，接着是日本和美国。石油价格波动对我国的国内生产总值（GDP）、消费者价格指数（CPI）、进出口差额这三大领域均有显著影响，其中又以进出口领域受影响最大。

（3）利用事件分析法，对油价——经济的关联关系进行了定量分析，回答了"石油价格在多大程度上对经济造成了影响"的问题。并通过国际比较，得出了在油价上涨和下跌阶段，经济波动趋势与中国最为接近的国家。结论指出，石油价格上涨和下跌阶段对我国经济产生的影响是非对称的，油价上涨对经济的影响远大于油价下跌的影响。当石油价格上涨时，与我国经济波动趋势最为接近的国家是印度，而当石油价格下跌时，经济波动趋势与我国最为接近的则是欧盟地区。

（4）将本体融入案例推理过程，设计混合概念格（multi galois lattice，MGL）案例匹配算法，构建石油价格波动对经济影响的预警知识库系统。借助本体较好的知识共享能力，案例推理的自学习、自适应的特征和混合概念格的方法，优化案例的表示过程，提高案例检索的查全率和查准率。仿真结果显示，一方面，当输入检索条件较为模糊，或是在案例库中没有明确对应项时，案例检索系统能够通过本体中内含的语义关系检索出与查询条件在语义上相似的案例。另一方面，采用本书设计的 MGL 匹配算法检索出来的结果，其相似度要高于传统匹配算法的相似度，这使得 MGL 算法的有效性得到了进一步的验证。

（5）对构建的石油价格波动对经济影响的预警知识库进行案例研究，以验证预警知识库的有效性。首先，分别对经济危机、自然灾害引发的石油价格波动过程对经济可能带来的影响进行预警研究。预警结果显示，知识库提供的预警信息基本符合经济的实际走势，从而证明了书中所构建的石油价格波动预警知识库系统是可行的。其次，通过对混合概念格匹配算法与传统案例匹配算法的检索结果进行对比，验证了 MGL 检索算法在提高案例检索查全率和查准率时的有效性。最后，以人民币升值为研究背景，对人民币升值后国际石油价格的波动情况以及对中国经济可能带来的影响进行预警分析。预警结果指出，一旦人民币升值，首先受到影响的是我国的进出口领域，而扩大内需的方法既能够转移过剩的产能，同时又能让普通消费者也享受人民币升值带来的好处。另外，人民币升值可能引发大量境外热钱的涌入，从而引发通货膨胀，应当适当提高外币兑换人民币的门槛，以防止投机资金对我国经济带来的冲击。

本书由鞠可一进行总体设计、组织和统稿。其中，第1章、第2章由鞠可一和周德群完成；第3章、第4章、第5章、第6章及第7章由鞠可一完成；附录部分由鞠可一、周德群共同完成。

本书相关研究得到了国家自然科学基金青年项目（编号：71203081）、教育部人文社会科学基金青年项目（编号：12YJCZH091）、中国博士后基金面上项目（编号：2014M551591）、江苏省高校哲学社会科学基金重点项目（编号：2014ZDIXM038）、江苏科技大学博士启动项目、江苏科技大学研究生教研教改项目（编号：YJG2013Y_08）的资助。作者在撰写本书的过程中，得到了多方的支持和帮助，在此，作者特别感谢南京航空航天大学经济管理学院的周鹏教授及能源软科学研究中心的各位老师、同学，本书的思想来源、结构安排、数据采集及结果分析都得益于大家共同的讨论。同时，也特别感谢江苏科技大学经济管理学院苏翔教授、吴君民教授、任南教授在本书写作过程中给予的具体指导和协调。在本书的出版过程中，科学出版社的魏如萍、兰鹏老师提出了许多宝贵的建议，提供了诸多便利并给予了热情的帮助，也一并向他们表示衷心的感谢！

作者谨以此书献给关注能源安全特别是石油价格安全的读者。受限于作者的知识修养和学术水平，书中难免存在一些不足和待商榷之处，敬请广大读者批评指正。

鞠可一　周德群

2015 年 8 月

# 目　　录

# 第1章 绪　论

当今人类生活已经离不开石油。石油作为世界最主要的能源消费品，有着煤炭和天然气无法比拟的优越性，因此又被誉为"现代工业的血液"。然而，由于石油本身的不可再生性和分布的不均衡性，石油价格除了受到供求关系的影响外，还极易受政治、军事等一系列其他因素的影响，因此震荡剧烈。早在1983年，著名经济学家 Hamilton 就指出，从第二次世界大战到1983年，全球 7/8 的经济萧条都伴随着高油价的出现[1]。作为保障国家经济发展所必需的能源品种，石油价格牵动着世界各国的经济命脉，石油价格波动对经济的影响已经成为各方关注的焦点问题，受到了各国政府和学术界的广泛重视和高度关注。

我国是一个石油资源相对匮乏的发展中国家，自1993年成为石油净进口国以来，我国的石油消费量逐年增加，石油生产的增长速度远不及石油消费的增长速度，供需矛盾日益激化。与此同时，石油价格频繁波动，石油价格暴涨暴跌频现。不断增大的供需缺口和频繁波动的石油价格对经济的负面影响愈发明显。"凡事预则立，不预则废"，开展石油价格波动对经济影响的预警研究，有助于提前化解石油价格波动可能对经济造成的负面影响，从而保障我国石油价格安全和经济稳定发展。石油价格波动对经济影响的预警研究，既是一项具有战略性、全局性和现实针对性的重大课题，同时也是对石油价格安全和经济安全领域的一次有价值的深入探讨。

## 1.1　问题的提出

1970年以来，全球共经历了四次大规模的石油价格波动过程①，对世界经济造成了巨大的影响：

（1）第一次石油价格危机（1973～1974年）。第四次中东战争爆发，OPEC

---

① 已有研究大多认为，自1970年以来，全球共经历过 3 次石油危机，但普遍忽略了进入 21 世纪以来的石油价格暴涨过程。21 世纪初出现的石油价格上涨过程，无论是从持续时间、波动幅度，还是从对世界经济造成的影响程度上来看，都不容小觑。因此，本书将 2002～2008 年的石油上涨过程认定为"第四次石油危机"。

为制裁西方国家，宣布石油禁运，暂停出口，使得石油价格从 1973 年的 3 美元/桶上涨到 13 美元/桶，涨幅超过 300%。第一次石油价格危机使得西方发达国家的经济受到重创，美国 GDP 下降 4.7%，欧洲下降 2.5%，而日本则下降 7%。

（2）第二次石油价格危机（1979～1980 年）。伊朗爆发革命，随后伊朗和伊拉克开战。石油日产量锐减，油价骤升，石油从 14 美元/桶飞涨到将近 40 美元/桶的价格。第二次石油危机也引起了西方主要工业国的经济衰退，其中，美国的 GDP 下降了 3%。

（3）第三次石油价格危机（1990～1991 年）。1990 年 8 月，伊拉克入侵科威特，次年 1 月，美国发动对伊拉克的战争。油价一路飞涨，三个月的时间内突破 40 美元/桶。不过，与前两次石油价格危机相比，这次危机的持续时间较短，石油价格的增长幅度也较小，因此，其对世界经济造成的影响也就相对较小。

（4）第四次石油价格危机（2002～2008 年）。进入 21 世纪以来，特别是 2002 年以后，国际油价大约以平均 10 美元/桶·年的速度上升[2]，在 2008 年 7 月到达历史最高的 145.31 美元/桶。高油价对国际社会产生了巨大的影响，出现了全球范围内的能源恐慌。伴随着美国次贷危机的愈演愈烈，世界主要国家经济增长普遍放缓甚至陷入衰退，从而引发了全球范围的经济危机。国际油价波动对世界经济产生了广泛而深远的影响，石油价格在国际能源领域和经济领域发挥着越来越重要的战略导向作用。

尽管没有直接证据证明历次经济危机都是由石油价格波动引起的，但每次大规模的石油价格波动过程无不伴随着全球性的经济危机的产生。这也就不难理解，为什么从 1973 年第一次石油价格危机以来，各国政府、机构和学者都将石油价格波动对国家经济的影响作为重要的研究领域加以分析和探讨。前三次石油价格危机发生时，由于我国的经济尚未发展到现有规模，且石油生产尚能自给自足，因此受石油价格危机的冲击不是很大。但是现如今，中国已成为世界第二大石油进口国和第二大石油消费国，石油对外依存度已超过 50%。在这样的国际国内背景下，石油价格的暴涨暴跌必定会对我国经济带来不可估量的影响。

预警，顾名思义，就是预先警告，指的是根据系统内外部条件的变化，对其未来可能遇到的不利事件或潜在风险进行预测，同时发出提示信号[3]。对石油价格波动对经济的影响展开预警研究，目的在于发现石油价格和我国经济运行未来可能出现的问题，分析其成因，及早防范并化解可能出现的危机，提高我国经济在面对石油价格剧烈震荡时的稳定性和安全性。然而，作为预警理论的一个分支，石油价格波动对经济影响的预警研究在实施过程中存在着如下一些困难：

首先，石油价格波动诱因复杂，难以监控。影响石油价格的因素很多，包括经济衰退、气候变化、恐怖主义袭击、军事政治活动，以及国际投机资本流向等，所有这些因素使得石油价格波动具有明显的突发性和不确定性的特征。当市场处于不稳定状态时，任何一个微小的因素都有可能引起石油价格市场的大幅波动和人们的高度恐慌。因此，想要对上述所有因素进行全面监控和及时掌握是相当困难的。

其次，石油价格波动的诱因隐蔽，难以辨识。诱发石油价格波动的矛盾、冲突和危机往往是各种复杂因素共同作用的结果，许多因素需要人为评估和定性判断。然而，由于人们认识能力的局限，短时间内很难厘清各种复杂的诱因，想用量化手段来表述诱发危机的因素及其复杂关系也就更加困难。

再次，石油价格波动对经济的影响滞后，难以预测。由于受到众多因素的影响，石油价格波动对经济的负面影响往往不会立刻显现，滞后时间的长短与当前经济的稳健程度及石油波动强度密切相关，这就增加了预测石油价格波动对经济影响的难度。

最后，信息分散，难以获取。预警的核心环节是分析各领域数据集之间内在的关联关系，而预警信号的准确与否很大程度上取决于数据集的质量。由于现有条件的制约，我国的统计力量薄弱，信息存储分散，不同来源的数据之间常常互相冲突。因此，缺乏有效的数据收集手段和严格规范的数据核算流程也成为阻碍石油价格波动对经济影响预警研究的一大难题。

石油价格波动对经济影响的预警研究是一项极具挑战性的工作。传统的预警手段和方法已经无法有效地解决这一复杂问题，因此，必须借助新的理论和方法，对原有预警理论进行完善和拓展。

## 1.2 研 究 动 因

### 1.2.1 研究目的

为了解决上述问题，书中借助数据挖掘和人工智能的相关方法，对石油价格波动对经济产生的影响展开预警研究，构造知识库系统，以期达到以下目的：

(1) 对石油价格波动特征进行研究，并对波动程度进行分级，重点关注那些波动强度大，持续时间长，可能对经济造成较大负面影响的波动过程，为预警知识库系统提供周期选择的依据。

（2）定性描述石油价格波动对经济的"离群"影响，找出油价波动时，那些明显背离正常走势规律的经济数据记录，为预警知识库系统提供值得重点关注的典型案例。

（3）定量分析石油价格波动对经济的影响程度，解释"石油价格波动在多大程度上对经济产生了影响"的问题。

（4）构建石油价格波动对经济影响的预警知识库系统，借助数据挖掘和人工智能的手段，建立石油价格波动对经济影响的预警知识库系统，提高预警信号产生的速度和准确性。

## 1.2.2  研究意义

（1）石油价格波动对经济影响的预警知识库系统研究是进一步深化石油价格安全研究的需要。石油价格波动对经济影响的预警知识库系统是一项具有针对性的基础工程，但在我国，这个领域的研究却仍处于起步阶段。因此，本书是对石油价格安全领域作出的一次有价值的深入探讨。

（2）石油价格波动对经济影响的预警知识库系统研究是突破现有预警理论研究瓶颈的需要。传统的预警方法无法穷举石油价格波动对经济可能产生的影响，因此也就无法提供有效的预警信号。本书将数据挖掘和人工智能的理论和方法应用到预警系统中，力求开发和建立起能够保障石油价格安全及经济安全的预警知识库系统。运用本体和案例推理的方法研究石油价格波动与经济的关联问题本身就是一种创新，具有十分重要的理论价值。

（3）石油价格波动对经济影响的预警知识库系统研究是对预警理论的一次大胆尝试。石油价格波动所具有的警情多发（石油价格波动是一个常态）、警源复杂（引发石油价格波动的因素众多）、警兆滞后（石油价格波动对经济的影响具有滞后效应）等特点，决定了本书领域没有可以照搬和仿效的现成模式。只有从石油价格波动本身的特点及其与经济联动波动的特征出发，才能及时发现其中特殊的规律，从而有针对性地制定和实施有效的石油价格安全战略。

（4）石油价格波动对经济影响的预警知识库系统研究是保障我国石油价格安全的需要。石油的基础性特征决定了其在国家经济运行中重要的战略地位。对中国石油价格安全预警进行应用性研究，能够为我国石油工业的发展提供理论依据和决策借鉴。

（5）石油价格波动对经济影响的预警知识库系统研究是支持经济又好又快发

展的需要。一切经济工作最根本的出发点是保持经济平稳较快发展，防止大起大落。通过预警研究，可以有效地对石油价格及经济运行状况进行实时监控，有针对性地对油价及经济运行过程中的不稳定因素进行干预和微调，尽量减少石油价格波动对国民经济造成的冲击。

石油价格波动对经济影响的预警知识库系统研究，具有很强的理论性、实用性和决策指导性。本书开展的研究不仅是必要的，而且是十分紧迫的，希望能够抛砖引玉，对石油价格波动对经济的影响研究有所推动。

## 1.3 国内外研究进展

根据 PQDT 博硕士论文全文库检索，国外石油价格波动相关的博士学位论文共 124 篇，而国内相关的博士学位论文共 35 篇。其中有代表性的博士学位论文有：石油价格问题的计量分析模型及其实证研究（焦建玲，2005 年）；石油市场复杂性及仿真研究（何凌云，2006 年）；中国石油安全预警及对策研究（范秋芳，2007 年）；石油期货市场多重分析特征及其相关问题研究（陈洪涛，2009 年）；中国石油进口价格风险预警研究（梁勇，2010 年）；石油价格波动规律研究（孙大力，2010 年）；基于 EMD 分解技术的不同市场原油价格相关性分析及预测研究（杨云飞，2011 年）；石油价格波动对经济的影响及其预警知识库系统研究（鞠可一，2011 年）；国际石油价格波动行为机理及预测模型研究（季托，2011）；基于供给风险视角的战略石油储备策略建模研究（白洋，2012 年）；石油市场的内外部联系、价格发现与风险管理研究（陈磊，2012 年）；石油市场结构性转变与价格驱动机制演变过程研究（许金华，2012 年）；石油价格冲击传导机制研究（吕金营，2012 年）；不确定性条件下油价宏观经济影响的动态一般均衡模拟研究（汤维祺，2013 年）；国际石油价格波动对经济的影响：理论、机制与对策（胡光辉，2013 年）。

1999～2013 年，国家自然科学基金资助能源安全类研究共 87 项，其中涉及石油安全及石油价格与经济关联的项目有 17 项。其中有代表性的研究课题有：石油价格风险对石油企业经营的影响（齐中英，1999 年）；石油市场风险作用机制与后备资源管理研究（齐中英，2001 年）；原油价格波动规律及其对我国经济的影响分析（范英，2005 年）；经济系统对石油价格波动冲击响应特征研究（齐中英，2006 年）；国际石油市场复杂系统投机泡沫机制及其实证研究（张跃军，2010 年）；基于经济人异质性的石油市场多重分形特征的动力学形成机制研究

（何凌云，2010 年）；我国石油供应安全的预警模型和应急策略研究（吴刚，2011 年）；国家大宗商品价格变动及传导（纪敏，2011 年）；面向全球资源的石油资源经济安全管理理论与实证研究（范英，2011 年）；基于计算实验的石油供需网络优化与动态调控研究（孙梅，2012 年）；石油价格危机预警分级机制及其智能应急响应策略研究（鞠可一，2012 年）；减排约束下的石油安全测度方法与仿真研究（焦建玲，2012 年）；世界石油贸易格局的系统分析方法与我国的影响力研究（姬强，2012 年）；基于资源账户的中国石油资源流动过程及资源环境效应研究（成升魁，2012 年）；石油金融与碳金融系统建模（张跃军，2013 年）；能源供应链视角下中国石油进口系统性风险集成与优化研究（孙晓蕾，2013 年）；应对供应中断风险的国家战略石油储备运作策略研究（白洋，2013 年）。

1993～2013 年，国家社会科学基金资助能源安全类研究共 56 项，其中涉及石油安全及石油价格与经济关联的项目 6 项。其中有代表性的研究课题有：国际石油价格变动对我经济的影响（马超群，2006 年）；国际油价变动趋势和我国石油安全问题研究（高建，2007 年）；国际石油价格高涨对我国的影响及对策研究（李卓，2008 年）；国家石油安全与垄断规制研究（王炜翰，2009 年）；石油、粮食等全球大宗商品定价机制及我国对策研究（胡俞越，2010 年）；基于中国石油安全视角的海外油气资源接替战略研究（罗东坤，2011 年）。

通过对已有博士学位论文及基金项目的收集整理可以发现，与本书相关的研究主要集中在三个方面：石油价格波动规律研究、石油价格波动与经济的关系研究以及石油安全与预警研究。鉴于此，本章将针对这三个方面进行综述。

## 1.3.1　石油价格波动规律研究

有关石油价格波动规律的研究向来是石油价格安全领域的研究重点。Hotelling 发表的"可耗竭资源经济学"[4]是资源经济学开始的标志，也奠定了能源经济学研究的理论分析框架，被业界公认为研究石油价格波动规律的开山之作。Hotelling 得出的结论是，当资源价格增长率与贴现值相等时的净现值最大，此时的定价策略最优。随着研究的不断深入，针对石油价格波动规律的研究可以大致分为两大类：一类是从影响石油价格的外部因素出发，分析供需关系及各国政策等对石油价格的影响，并对其未来的走势进行预测；另一类则是从石油价格本身出发，寻找其中的波动规律。现对两者综述如下：

作为一种资源型商品，石油价格在一定程度上受到市场供需关系的影响，因此，很多学者从供需角度分析石油价格的波动规律。Roumasset 等[5]基于可耗竭资源理论，研究了在没有石油输出国组织（OPEC）石油供应垄断者参与下的石油均衡价格。Tomatate[6]研究了世界油气市场 1918～1973 年以及 1973～1999 年的需求价格弹性和供给价格弹性的特征。研究发现，在第一阶段，油气价格都较为平稳，1973 年以后，需求价格弹性及供给价格弹性降低，而需求收入弹性上升。Gallo[7]等对两个内生断点进行单位根检验，探讨了石油价格、石油产量和消费量之间的关系。结果表明，在考虑结构断点的情况下，一些国家的石油价格消费和石油价格是平稳的，而另一些国家则不然。通过 Grange 因果关系检验可以发现，石油供应量的变化导致了石油价格的波动，而石油价格波动又影响了石油消费。因此，当前的石油价格波动更多的应当归结于石油生产量的影响，而非石油消费量的影响。石油价格除了受到供需关系的影响外，还易受到很多外部因素的制约，单纯从供需角度研究石油价格的波动规律不够全面，众多学者从除供需以外的其他角度研究了外部因素对石油价格波动规律的影响，如 Chapman、De Santis 和 Jabir 等研究 OPEC 和非 OPEC 国家的相关石油政策对石油价格的影响[8-10]。Yu 等[11]分析了突发事件对石油价格的影响，采用 EMD 方法预测石油价格未来的走势。

进入 21 世纪以来，从石油价格本身出发，采用复杂动态研究手段分析石油价格波动的规律和特征渐渐成为主流。Carbedo 和 Moya[12]采用 VaR 模型对石油价格风险展开量化研究。VaR 模型以概率水平来预测石油价格波动的上限，以此设计出危机管理战略。Mirmirani 和 Li[13]借助 VaR 和 ANN 方法，对美国石油价格波动规律展开研究。Yu 等[14]采用基于神经网络的 EMD 分析法，分析石油价格可能的走势。Kang 等[15]采用 CGARCH 模型和 FIGARCH 模型对石油价格进行预测。Huang 等[16]将 1986～2007 年 4 月的原油每日平均价格作为研究对象，按照历史上的 3 个重大事件将其分为 3 个时期：Ⅰ、Ⅱ、Ⅲ，研究了石油期货价格与现货价格的关系。实证结果显示，Ⅰ、Ⅱ时期的现货价格高于期货价格，而时期Ⅲ（2001 年 9 月 11 日至 2007 年 4 月 30 日）的期货价格高于现货价格。Ghaffari 和 Zare[17]提出一种软计算的方法，来预测 WTI 石油价格的波动趋势。实验证明，发现该方法得出的石油价格的可能走势更准确。Cifarelli 和 Paladino[18]借助 GARCH（1，1）-M 模型及 CCC GARCH-M 模型，研究了投机活动对石油价格的影响程度。研究发现，石油价格的波动与股票及汇率的变化呈现出负相关的关系，投机活动对石油市场的影响十分显著。在此基础上，作者建议需要加强对石油市场投机资本活动的监管。梁强等[19]运用小波分析方法预测石油价格的长期趋势，较好地把握了石油价格的非线性波动特征。程雪婷和齐中英[20]通过对石油价格中的吸引子的研究证明了吸引子具有分形结构，论证了国际石油价格系统是一个远离平衡态的非线性系统，吸引子的敏感性使得人们无法对石油价格的长期波动趋势进行预测。陈洪涛等[21]运用多重分形消除趋势波动分析方法和多重分形谱方法，研究了美国西得克萨斯轻质（WTI）原油和布伦特（Brent）原油价格波动的多重分形特征。研究结果显示，Brent 原油价格比 WTI 价格具有更强的长相关性和更宽的多重分形谱。程刚等[22]采用断点分析法，对原油期货价格对现货价格预测的准确性展开了实证研究。陈卫东等[23]从复杂网络的拓扑结构角度验证了 WTI 原油价格变化的特征，对了解石油价格波动的内在规律具有一定的指导意义。

众多学者已经对石油价格的波动规律进行了很多研究，并得出了一些有价值的结论。未来的研究可以考虑从以下方面展开：

（1）石油价格波动的分级机制研究。波动是石油价格的常态，但是，不同时期，石油价格波动的持续时间和波动强度均有所不同，因而并不是所有的波动都有可能导致经济的衰退。对石油价格波动过程进行分级，重点关注那些持续时间长，波动强度大，可能对经济造成严重负面影响的波动过程，有助于直观展现石油价格波动过程，对石油价格波动的相关研究将起到辅助和参考的作用。

（2）重大事件对石油价格的影响。石油作为一种可耗竭资源型商品，其价格除了受到市场的供需影响之外，政治局势、自然环境等因素都会对其产生较大的影响。因此，将重大事件作为石油价格波动的诱因，定量分析其对石油价格波动的影响程度，可以作为下阶段研究的方向。

（3）石油价格波动规律研究方法的创新。传统的统计和计量的方法，虽然能够较好地描述石油价格波动的非线性、非平稳特性，但是，此类研究需要建立在一定的假设条件之上，因此，极有可能覆盖石油价格序列中某些重要的波动特征。因此，寻找和发现更加科学的理论方法，有利于进一步掌握石油价格波动的特征和规律。

## 1.3.2　石油价格波动与经济的关联研究

国外对石油价格波动对经济影响的大规模的研究，开始于两次石油危机后。两次石油危机使国际油价猛涨了数十倍，很多西方发达国家受到了非常深远的影响，这也促使学者们纷纷从国家安全战略的高度来研究石油价格波动的问题。在

40 年的研究文献中，大致可以把石油价格波动与经济关联的研究归纳如下：

有关石油价格波动最早的研究来自 Hamilton 等[1,24,25]，他们对石油价格以及宏观经济之间的影响进行了实证研究，发现油价与经济指标之间确实存在非常显著的相关关系。随后，Mork 等学者通过研究提出，随着油价的下跌，其与宏观经济之间的关联性可能会逐渐减弱[26-28]，即石油价格上涨和下跌过程对经济的影响是非对称的。Hooker 等在随后的研究中证明了 Mork 等的观点[29-30]。Hamilton 等学者认为[31]，石油价格上涨对经济具有滞胀效应。具体地说，石油价格波动对经济的负面影响主要包括加大通货膨胀、抑制经济增长、加剧金融市场动荡和恶化就业形势。Woodford 等[32-34]认为石油价格上涨会缩减石油使用量，从而使得相关产业的产量下降，进而影响进出口并导致通货膨胀。Allan 等基于效率工资模型的分析，发现石油价格的变化会影响均衡失业率[35]。Fried 和 Schulze 认为石油价格上涨直接导致石油进口国的收入向石油出口国转移，石油进口国的消费需求下降[36]。由于石油进口国石油消费需求下降的幅度大于出口国石油供应增长的幅度，整个世界的石油消费量也将随之下降，进而阻碍经济的增长。Jones 等[37]从理论方法和实证研究两方面综述了对石油价格波动对经济影响的已有研究，该综述涉及多个国家和地区，但是却没有得出石油价格波动对经济影响的定论。此外，很多学者和机构结合各自国家的实际情况，对油价波动与宏观经济的影响提供实证研究。Lee 等[38]通过对美国宏观经济的研究发现，石油价格上涨增加了高能耗行业（如化工业）的投入成本，迫使高耗能行业减少生产投入，从而导致经济衰退。Lee 等[39]通过研究发现，日本 30%～50% 的经济衰退，是由石油价格波动导致的货币紧缩政策造成的。Chang 和 Wong[40]分析了石油价格波动对新加坡经济带来的影响。研究结果显示，石油价格波动对新加坡的 GDP、通货膨胀率和失业率的影响较小，一方面是因为新加坡不断下降的石油强度，另一方面也与其不断下降的石油进口开支占 GDP 的比重有关。然而，即便如此，石油价格波动对新加坡经济的影响也不能忽视。Cunado[41]等对石油价格波动对亚洲六国经济增长和消费者价格的影响进行了分析。Farzanegan 和 Markwardt[42]发现伊朗经济易受石油价格波动的影响：油价的上涨和下跌都会增加伊朗的通货膨胀率，而石油价格上涨对伊朗的工业产出存在正相关关系，油价波动对政府实际支出有边际影响。

国内有关石油价格波动与经济关联的研究从 20 世纪 90 年代以后才逐渐丰富起来，其中既有定性分析，也有定量研究。

陈波[43]预测了石油价格波动对中国经济增长的影响，认为中国的经济结构正好进入了对石油需求量大，需求上升快的阶段，但能源效率不高，因此居高不下的油价会对中国经济产生巨大的冲击力。于伟和尹敬东[44]采用 VaR 模型，以各经济变量对石油价格冲击的弹性来衡量油价波动对我国经济的影响程度，指出石油价格上涨会滞后地阻碍我国经济的增长，而油价下跌只在短期内对经济有刺激作用。刘希宋和陈蕊[45]首先测算了石油价格波动对国民经济均衡的影响，并利用投入产出模型分析了石油价格波动对我国各个行业的影响程度。刘亦文和胡宗义[46]采用 MCHUGE 模型，研究石油价格上涨 20% 对我国经济造成的影响，结果证实，与石油生产有关的行业将从油价上涨中获利，以石油为原料的行业会受到石油价格上涨的影响。黄赜琳[47]研究了石油价格波动对我国居民消费结构、进出口贸易、国内物价及企业投资的影响，在此基础上提出了规避石油价格波动风险的政策建议。王梓薇和刘铁忠[48]通过实证研究得出国际和国内石油价格对我国经济影响逐渐增大，我国存在潜在的石油价格风险。宋洁琼[49]借助 Granger 因果关系检验研究了石油价格波动对我国主要经济指标的影响，实证结果表明，石油价格波动能够通过货币政策和固定资产投资两方面对我国经济带来冲击。魏一鸣[50]等通过能源经济模型的使用，分析了国际石油价格上涨对我国社会经济的影响，并围绕降低油价影响的石油管制政策和相关部门技术进步进行了政策模拟，研究发现，国际石油价格持续上涨将会加剧我国通货膨胀、减缓经济增长、降低股票市场的投融资能力和居民生活水平。韩智勇等[51]通过对 1978～2000 年中国能源消费与经济增长协整性和因果关系的研究，得出结论：中国能源消费与经济增长之间存在双向的因果关系，但不具有长期协整性。因此，中国在制定能源政策时既要考虑对经济增长目标的冲击，同时也要充分估计能源供应压力的严重性和紧迫性。童光荣和姜松[52]通过分析我国石油价格的时间序列数据，发现石油价格存在杠杆效应，并采用非线性高斯随机动态模型，考察石油价格波动对 GDP 增长的影响，研究结果表明，不断上涨的石油价格对 GDP 波动影响存在不对称性，对产出存在明显的滞后冲击。吴丽丽[53]简要总结了石油价格对经济增长影响研究中的数据处理问题，并指出可能存在的问题。田新翠等[54]基于非均衡理论，通过道格拉斯生产函数寻求石油价格波动对中国经济影响的作用机理，研究结果表明，石油价格波动长期来看对经济会产生负面效应，而短期内，石油价格波动反而会刺激中国经济的增长。

综上所述，国外有关石油价格波动对经济的影响研究业已形成一定的科学体系，为我国相关研究提供了一定的借鉴。未来有关石油价格波动与经济的关联研究，大致有如下一些方向：

（1）石油价格波动对中国经济的影响。已有研究主要是针对美国等少数发达国家而开展的，随着中国等发展中国家的迅速崛起，其石油消费量、进口量等明显增加，因此，研究石油价格波动对中国经济的影响将更有意义。

（2）石油价格波动对经济的"离群"影响研究。离群点通常被认为是由于错误录入而产生的"噪声"，是需要被摒弃的数据。然而，在石油价格波动与经济的关联研究中，"离群"点恰恰是极有价值的数据点，它们直接表示了明显受到石油价格波动影响的经济数据，因此，经济数据"离群"特征应当受到关注。

（3）借助案例推理和人工智能的手段对石油价格波动与经济的关联展开研究。虽然石油价格波动会对经济造成影响，但是影响的程度却不尽相同。同时，石油价格波动发生频率和幅度并不是按照某种顺序或流程而组织的，因此，除非决策者能将众多的油价及经济波动过程完全掌握，否则无法进行直接关联并形成综合判断。正是由于统计和计量的方法都无法完全描绘出经济受石油价格波动影响，案例推理和人工智能的手段很有可能成为协助解决这一复杂问题的有效补充。

## 1.3.3 石油安全与预警研究

对于石油安全预警的研究以国际能源署（International Energy Agency，IEA）提出的"石油安全预警与应急对策"最具代表性[55-56]，IEA 的核心使命是对石油供应中断作出应急响应，这一预警应急体系现已成为各成员国应对石油供应危机的有效依据。随后，很多学者和研究机构针对石油安全展开了一些研究。Sen 和 Babah[57] 对中东各国石油供应安全进行研究，并提出存在的问题和解决的方法。Srivastava 和 Gupta[58] 采用一些新的方法对油气工业领域的危险程度进行评估。安全风险系数表（security risk factor table，SRFT）用于处理工业威胁的影响，阶梯矩阵程序（stepped matrix procedure，SMP）用于确定一个单独出现的小概率事件能够引起的多米诺骨牌效应的大小。Greene[59] 随机模拟了在未来不确定的石油依存度情况下，美国的直接经济支出，以此来衡量美国的石油安全程度。研究指出，OPEC 在市场上的主导地位决定了美国在世界石油市场上的竞争力将被削弱，美国进口石油的支出将持续增长。改革开放以后，尤其是我国成为石油净进口国以来，石油价格波动与危机预警问题开始引起众多专家学者的广泛关注。吴巧生等[60] 界定可持续发展油气资源安全系统，并构建评价模型与指标体系，系统分析中国可持续发展油气资源的安全形势，并提出政策建议。刘钰和田泽[61] 分析从事油气勘探与开发的石油企业对石油风险的规避与预警研究，指出油气勘探开发企业应当正视经营中的风险，树立预警意识，采取有效的预警措施，以保障企业的经营安全，提高企业的抗风险能力。崔新健[62]通过对石油供需矛盾的实证分析，认为中国石油安全战略可归纳为"应急的石油储备"和"多元化的石油来源"两个核心，以及"提高石油企业的国际竞争力"一个关键点。张抗[63]研究国际能源署的石油安全预警和应急系统状况，提出一套适合我国国情的衡量石油危机的标准。范秋芳等[64]建立了石油企业生产经营系统检测预警指标体系，在此基础上应用加权平均法构建了石油企业生产经营综合评价预警模型。潘慧峰和张金水[65]衡量了我国石油价格市场在极端上涨和下跌时的 VaR 模型，证明我国石油市场的收益与风险是正相关的，违背了有效市场的假说；其次，石油价格上涨风险的平均水平高于石油价格下跌的平均水平。石油生产者能够利用市场势力将油价下跌的风险向使用者转化，而使用者却缺乏此种有效的风险转移手段。范秋芳[66]基于 BP 神经网络构建了中国石油安全与神经系统，在预警实证分析的基础上得出结论：我国的石油安全属于重警区。刘源和艾利娜[67]分析石油安全预警机制构建的可能性，并从法律角度和指标体系的角度指出构建石油安全预警机制的关键问题。王礼茂和方叶兵[68]利用层次分析法和熵权技术构建了国家石油安全评估指标体系。从资源、政治、经济、运输、军事等 5 个领域的 16 项指标着手，评估了我国石油安全形势。杨光[69]将石油供应安全为主要研究目标，结合发达国家的成熟经验，为我国应对石油供应安全提出一系列政策建议。

国外有关石油安全与预警研究的成果并不多见，而国内的相关研究较为丰富。总体来看，已有研究多集中在石油安全的定义、预警指标的选取、石油安全指标体系的构建，以及我国石油安全的战略选择等方面，以定性研究为主，缺乏有价值的应用型研究，而且研究成果比较零乱，尚未形成体系，因此未来有关石油安全与预警的研究大致可从以下几个方面展开：

（1）对已有模型的科学应用。虽然国外的研究给作者提供了大量可供借鉴的模型和方法，但是由于每个模型都是在一些基本假设的前提下运行的，若要用来解决中国的问题，需要详细分析各个模型参数的设定和各种基本假设是否符合我国实际情况，对已有模型展开科学应用，避免盲目照搬。

（2）石油价格安全预警研究。预警是保障石油价格安全的重要手段，同时也是石油价格安全研究领域的一大难点。在石油价格危机发生之前发出预警信号，提前做好规避风险的准备，对保障石油价格安全极为重要，因此石油价格安全预警研究应当作为石油安全领域未来的研究方向之一。

### 1.3.4 文献评述

国内外对石油价格波动的特征、石油价格波动与经济的关联以及石油安全与预警已经进行了广泛而深入的探讨，一方面显示了石油价格自身的复杂性，另一方面也证明了石油价格在全球经济活动中的重要作用。但是，在上述研究中，依然存在如下的一些不足之处：

首先，传统石油价格波动预警理论与方法不利于可靠预警信号的提供。已有的石油价格波动预警分析基本是以预警理论为研究基础，借助构建预警指标体系完成，缺乏可靠的依据和识别体系，对石油价格安全问题缺乏综合、系统的描述，研究方法也缺乏多学科的融合和交叉。所有这些都不利于深入了解石油价格波动的形成机制和内在机理，因而也就不利于可靠预警信号的提供。

其次，监测数据无法转变成有价值的预警知识。现有的石油价格波动预警系统，大多仅是对监测数据作简单处理，并不能及时转化为有效的预警信息和知识，在面对油价的异常波动时，决策者无法获知其可能对经济带来的影响，因而也就无法进行危机预警，由此导致相应的油价波动及其对经济影响的预警处理方案也较为滞后。

最后，知识的共享和重用无法保障，易形成"信息孤岛"。知识库虽然是解决复杂系统问题的优选方法，但目前出现的知识库系统大部分不能准确完整地获取和表达专家的知识，且学习、设计及推理机制采用的方法较为简单，无法充分反映石油价格及经济波动的特有规律和特征，也未曾充分利用过去的宝贵经验，因此其反映和解决实际问题的能力有限，极易形成"信息孤岛"。

石油价格和宏观经济两者都是非常复杂的大系统，对其展开的分析也必将是一个复杂的系统工程，如何透过现象发现其本质的规律，形成可共享、可重用的知识，供决策者参考和借鉴，将具有重要的理论意义和现实价值，这些就是本书后续研究的出发点和理论依据，也是下文要解决的主要问题。

## 1.4 本书的研究内容及思路

### 1.4.1 研究内容

结合本书的研究目的，从以下几个方面展开研究：

（1）介绍本书的研究背景和选题来源，得出本书的研究目的及意义，结合已有研究的重点及方向，提出本书的研究内容、技术路线、章节间的关联、可能实现的研究创新以及研究中需要说明的问题。

（2）将 Hilbert-Huang 理论应用于石油价格序列的分析中，寻找隐含在石油价格数据中的周期性波动规律，并对自 1970 年以来发生的多次较为明显的石油价格波动过程进行分级，同时对未来 10 年可能爆发的石油危机的时间和波动等级进行预测。

（3）油价波动对经济的影响常常使其表现出"离群"的特征。石油价格波动对经济的离群影响涉及众多的影响因素，是一个多维度的数据分析问题，因此，如何检测出高维数据中的离群点成为本章的关键问题。对传统离群检测算法进行了改进，提出基于蚁群算法和高维超图模型的 AHHDOD 算法，发现了油价波动给经济造成的"离群"影响，并以离群点的多少来衡量经济对石油价格波动的敏感程度。

（4）借助事件分析法，定量分析石油价格波动在多大程度上对我国经济产生了显著影响，并选取典型国家和地区进行国际比较，将其在油价波动时的经济变化趋势与中国进行对比，发现处在油价上涨和下跌事件期内的那些国家和地区与中国经济的变化有着相似的趋势，为我国制定和采取相应的政策和措施，规避石油价格风险做准备。

（5）构造油价波动与经济关联的预警知识库系统。案例匹配是知识库构建过程中的重要步骤，面对油价波动与经济关联的复杂问题，传统的案例匹配算法无法满足其实际应用的需要，因此，提出混合概念格的案例匹配方法，目的是为了提高案例匹配在面对不同属性类型时的查全率和查准率。以此为前提，用本体来描述石油价格波动的诱因，从而构造出一套完整有效的预警知识库系统。

（6）对预警知识库进行案例研究，目的是验证知识库在处理实际问题时的准确性和有效性，同时验证混合概念格在提高案例检索查全率和查准率时的能力。随后，通过对特定问题的描述，模拟在人民币升值的前提下，国际油价和我国经济的可能走向，发出预警信号。

## 1.4.2　研究思路

本书采取的研究方法及技术路线如图 1.1 所示。

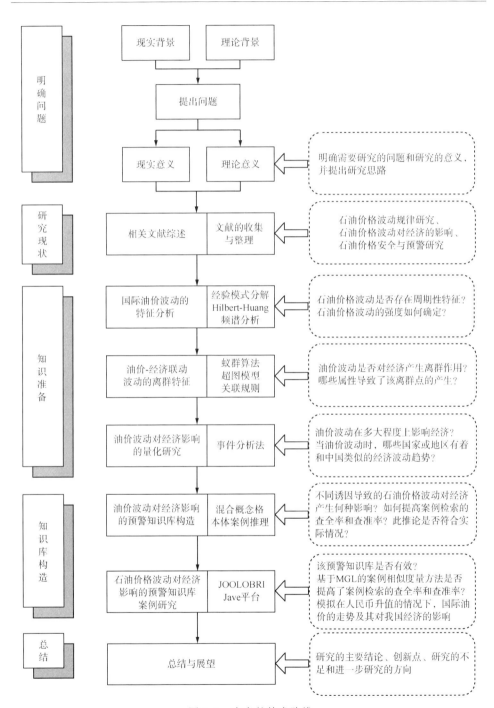

图 1.1 本书的技术路线

本书按照"问题的提炼→问题的界定→问题的描述→结果的分析"的研究思路展开，各章节的逻辑关系如图 1.2 所示。

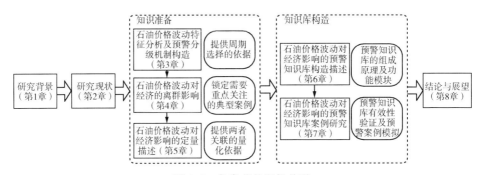

图 1.2　各章节的逻辑关联

通过对研究背景的描述，阐明了本书研究的理论和现实意义；另外，通过对已阅读文献的梳理，从不同角度对研究问题进行文献综述，从而发现已有研究的未尽之处，为后续研究奠定理论基础。在构造知识库系统时，首先是知识准备阶段。石油价格波动对经济影响的预警知识库的知识准备阶段由三部分组成，分别是：石油价格波动特征分析（提供石油价格波动的周期选择依据）；石油价格波动对经济的离群影响（找出石油价格波动时，经济数据中那些明显背离正常走势的数据点，为知识库的构造提供典型案例）；石油价格波动对经济影响的定量分析（定量化研究石油价格波动在多大程度上对经济造成影响）。在此基础上，构建石油价格波动对经济影响的预警知识库系统。本书的第 6 章详细介绍了预警知识库系统的构造过程（案例检索及知识库的组成及工作原理），接着在第 7 章提出预警知识库的案例研究（通过以往案例对预警知识库的有效性进行验证，并模拟可能出现的事件，展开预警研究，提供预警信号）。最后，对本书进行总结，归纳出创新点，并提出未来研究的方向。

## 1.4.3　数据来源

如无特别说明，本书的正文及图表中所使用的国际石油市场数据主要来自美国能源署（U. S. Department of Energy，Energy Information Administration，EIA）公布的历年统计数据（http：//www. eia. doe. gov/oil ＿ gas/petroleum/info ＿ glance/petroleum. html）和英国石油公司（British Petroleum，BP）公布的历年能源统计数据（http：//www. bp. com）。国际经济数据主要来自国际货

币基金组织（International Monetary Fund's International Financial Statistics，IFS）的国际金融统计数据库（http：//imfstatistics.org）。国内数据主要来源包括《中国统计年鉴》和《中国能源统计年鉴》，前者涉及样本数据的各个年份，后者由于并非每年都出版，涉及的年份有 1986 年、1989 年、1991～2002 年、2004～2011 年。

本书研究的前提是这些统计数据是准确可信的，可直接用于研究。

## 1.5　主要创新点

根据上述研究工作，本书的主要创新点可概括为：

（1）率先从石油价格本身出发，对石油价格波动的周期性规律进行分析，并对其进行预警分级研究。

由于石油价格形成的复杂性，其波动呈现出高度的非线性特征，甚至具有混沌的性质，这给油价波动预警分析带来了巨大的挑战。本书首次采用 Hilbert-Huang 变换的方法，寻找出隐含在石油价格无序波动背后的周期性波动规律。同时，克服了传统预警分析方法需要借助构建预警指标体系，缺乏可靠的依据和识别体系的缺陷，从石油价格数据序列本身出发提出预警信号，减少了传统预警体系中人的主观因素的影响，故此得出的结论更能反映出石油波动过程的内在机理。

（2）提出一种新的高维离群检测算法——AHHDOD 算法，用于探寻石油价格波动对经济的离群影响。

石油价格波动对经济的离群影响问题是一个复杂的高维问题，且通常表现出离群的特性。常用的离群算法大多围绕如何减少离群数据展开，较少关注离群点的特性和产生原因，但在特殊环境下，"离群"数据恰恰就是我们急需关注的问题。在高维空间中，数据分布得非常稀疏，传统的距离尺度和分布密度已无法衡量数据的离群特征，因此，本书率先将蚁群算法和超图模型相结合，提出一种新的 AHHDOD 算法，在检测出离群数据模式的同时提出离群点的归属，对石油价格波动对我国宏观经济的联动影响展开"离群"研究，并进行国际比较。

（3）将本体应用于案例库中，构造出石油价格波动的预警知识库系统。

将本体融入案例库的构造之中，借助本体较好的知识共享和案例库的自学习、自适应特征，对油价-经济关联这样一个复杂问题构建了预警知识库系统。

回答了"当某些事件发生时，油价如何变动"、"油价波动后经济会如何变化"和"应当重点关注哪些经济领域"等问题。实验结果表明，构造出的预警知识库系统具有一定的可操作性，在一定程度上与实际情况相吻合。这也是将人工智能方法运用于石油价格预警领域的一次大胆尝试。

# 1.6 小　　结

本章通过阐述石油价格波动对经济的重要影响，以及石油价格波动对经济影响问题的特殊性，得出现有预警理论对分析此类问题的局限性，从而引申出研究目的和选题意义。在此基础上，明确本书的研究内容、技术路线和研究方法，并指出本书可能的创新点。

# 第2章　石油价格安全形势

## 2.1　能源安全的内涵

能源是现代经济的"血液"，在社会经济体系中占有突出重要的地位。英国著名经济学家 E. F. 舒尔茨在 1964 年就指出："能源是无可替代的。现代生活完全是架构于能源之上。虽然能源可以像任何其他货物一样买卖，但并不只是一种货物而已，而是一切货物的先决条件，是和空气、水和土同等的要素。"舒尔茨的这段论述毫不夸张地说明了能源在人类生活中的作用。经济发展对能源的高度依赖，决定了国家为了发展经济必须首先保证充足的能源供应，能源安全战略也成为国家决策中应优先考虑的重大问题之一。

能源安全概念的提出源于 20 世纪 70 年代的第一次石油危机，那时能源安全主要是指如何在石油供应中断的情况下保障石油的安全供应。1974 年国际能源署（International Energy Agency）成立后，正式提出以稳定原油供应和价格安全为核心的国家能源安全概念。之所以将能源安全等同于能源供应安全，主要是基于这样的一种认识，那就是：不中断的能源供应是保障能源安全至关重要的一个方面。MIT "亚洲能源与安全工作组"提出能源安全的 3 个明确的目标[70]：减少由外来威胁和压力带来的影响；避免出现供应中断的危机；最小化经济和军事对供应危机的影响。当然，这一定义主要还是围绕"石油供应安全"这一目标构建的，更多关注的是能源的供应威胁和危机管理的机制。APERC[71,72] 将能源安全划分为如下几个方面：availability（可获得性，要有足够的储量）；accessibility（可接近性，即能源供应不受地缘政治因素的影响）；affordability（可支付性，即能源是可支付的，能源成本和价格是市场认可的）；acceptability（可持续发展性：能源的供应对环境和社会应当是无害的）。这一定义从能源的供应安全和使用安全两方面概括了能源安全的内涵，是对能源安全含义的全面诠释。

# 2.2　石油安全的内涵

石油资源目前是世界上最重要的一次能源（图 2.1），作为一项重要的战略物资在各国经济和社会生活中占有重要地位。在战争时关系着一个国家的胜败存亡，在和平年代关系着经济发展和人民生活水平，因此是各国争夺的重要对象。

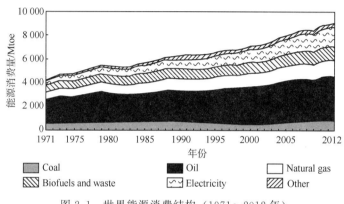

图 2.1　世界能源消费结构（1971～2012 年）

资料来源：Key world energy statistics 2014（IEA）

石油安全是能源安全的核心和集中表现，也是经济安全的重要内容，是世界各国面临的共同问题。就一般意义而言，石油安全概念是一个拥有多重含义的复合范畴，由石油的供应、消费、生产、使用、环境安全等若干方面构成，概括说来，石油安全主要包括供应安全、价格安全和使用安全三个方面（图 2.2）。

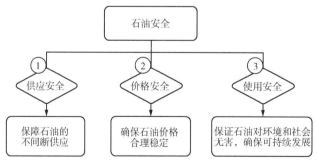

图 2.2　石油安全的内涵

石油安全问题因国而异，受到石油在该国能源结构中的地位、消费规模以及石油对外依存度等诸多因素的影响。传统的石油安全观认为，石油安全问题是石油消费和进口大国特有的现象。但随着世界能源格局的不断变化和国际油价的频繁波动，石油安全观在悄然发生着改变。石油进口国渴望有可持续供应的资源和稳定的市场以保证供应安全，而石油出口国也希望有一个稳定的出口市场，以保证需求安全和源源不断的收入，石油安全已然成为石油进口国和出口国共同关心的话题。

本书着重探讨的是石油价格安全问题，即从国家经济安全战略核心角度考虑的石油价格波动对我国经济的影响，其他一些层面暂不纳入本书的范畴。

## 2.3　石油价格安全的内涵

石油价格安全是相对于石油价格危机而言的。价格是利润的主宰，石油作为一种可耗竭的资源型商品，供求关系、国际政治局势、投机资金的流向等因素经常造成油价变化无常。而石油价格的变动又会对石油工业及其他行业产生较大的影响，进而影响经济的稳定发展。高油价是一柄"双刃剑"，不仅会伤害石油消费国，同时也会给石油输出国带来影响。一方面，高油价导致石油消费国高昂的能源消费成本；另一方面，尽管短期内高油价能够使石油上游产业受益匪浅，但居高不下的石油价格同时也会促使石油消费国努力提高能源效率，发展可再生能源及替代燃料，从而加速改变石油在世界能源结构中的主导地位，这对石油供应国获得稳定的能源收入大为不利。

因此，石油价格安全的目标就是确保石油价格维持在一个相对稳定合理和可支付的水平，避免油价大幅上涨和剧烈震荡对经济和社会生活带来严重影响和威胁。

## 2.4　全球石油价格波动趋势

自 20 世纪 70 年代以来，全球共经历了 3 次大的油价暴涨和 2 次暴跌（表 2.1）。

表 2.1　20 世纪 70 年代以来国际石油价格异常波动情况 （典型事件）

| 涨跌情况 | 事件时间 | 引发原因 |
| --- | --- | --- |
| 暴涨期 | 1973～1974 | 第四次中东战争引起油价暴涨，引发西方国家的经济衰退及战后第一次最为严重的经济危机 |
| | 1979～1980 | 1979 年，伊朗宣布石油禁运，石油生产急剧减少。1980 年，两伊战争爆发，引发世界石油市场的动荡和供应紧张，国际油价从 1979 年 1 月的 14.85 美元/桶蹿升至 1980 年 4 月的 39.5 美元/桶。此后，直到 1986 年，油价基本维持在 30 美元以上 |
| | 2000～2007 | 世界油价从 2000 年起进入了持续暴涨期，并伴随着油价波动幅度增加，主要原因有：主要产油国政治动荡，石油期货市场投机资本的大量涌入，以及发展中国家经济快速增长所带来的能源高需求 |
| 暴跌期 | 1981～1999 | 石油危机结束后，国际油价经历了一个较长的下跌周期，在 1986 年和 1988 年创出历史新低。1990 年，海湾战争爆发，国际油价在 3 个月内从 14 美元/桶上涨到 40 美元/桶，但高油价持续时间不长。1997 年亚洲金融危机后，国际油价延续了 20 世纪 80 年代以来的跌势，在 1999 年创造出十几年以来的最低点，油价跌至每桶 10 美元 |
| | 2008 | 世界范围内最严重的经济危机暴发，导致油价在短时间内出现暴跌。国际原油价格由 2008 年 7 月 3 日的 145.31 美元/桶急速降至 2008 年 12 月 5 日的 41 美元/桶 |

资料来源：EIA world nominal oil price chronology：1970～2014

　　进入 21 世纪，国际油价进入了高速发展时期，特别是 2003 年以后，国际油价大约以平均 10 美元/年·桶的速度直线上升，在 2008 年 7 月到达历史最高的 145.31 美元/桶。高油价对国际社会产生了巨大的影响，导致全球范围内的能源恐慌。伴随着美国次贷危机的愈演愈烈，世界主要国家经济增长普遍放缓甚至陷入衰退，国际油价也直线下降，到 2008 年 12 月 19 日，国际油价跌破 40 美元/桶的心理防线，短短 5 个月油价缩水 72％，为历史罕见。国际油价的暴涨暴跌对世界经济产生了广泛而深远的影响，石油价格在国际能源领域也发挥着越来越重要的战略导向作用。

　　尽管没有直接证据证明历次经济危机都是由石油价格波动引起的，但每次大的油价波动无不伴随着全球性的经济危机的产生。这也就不难理解，为什么从 1973 年第一次石油危机以来，各国政府、机构和学者们都开始致力于研究石油价格对国家经济的影响。

# 2.5　中国的石油安全形势

在石油危机背景下产生的石油安全概念主要围绕着石油的供应安全和价格稳定而展开。"一种以不中断经济进程的方式和价格水平满足需求的流动"被认为是石油安全的标准定义[73]。中国当前的石油安全的现状可以总结为以下几点。

## 2.5.1　极高的石油进口依存度

自从 1993 年成为石油的净进口国以后，我国的石油进口量逐年增加，对国外石油资源的依赖程度日益扩大。对外依存度从 1995 年的 7.6% 增加到 2005 年的 42.9%。2002 年，我国超过日本，成为仅次于美国的全球第二大石油进口国。2007 年 1~9 月我国进口原油和成品油超过 1.5 亿吨，其中进口原油 12 407 万吨，同比增长 13.6%。目前我国的石油战略储备工程还未全部竣工，短期内没有国家石油战略储备可供动用，巨大的石油需求导致对外依存度不断攀升，2008 年石油进口依存度已达 50%，比原先 50% 依存度的预测年份提前了 3 年。据预测，到 2020 年，我国石油的进口量将超过 5 亿吨，对外依存度将达到 70%。石油供需矛盾更加突出，石油资源将严重制约我国经济的发展。

## 2.5.2　石油进口来源单一

据统计，中国进口石油大部分来自中东和非洲。2004 年，中国 74.1% 的石油进口来自于这两个地区，尤其是对中东地区的石油依赖程度远远超过了国际公认的安全警戒线（占中国石油进口总量的一半左右，而国际公认的安全标准是对一个地区石油的依赖程度不能超过进口量的 30%）。从这些地区进口石油不仅存在着海上运输的安全问题，而且还受局势不稳因素的影响。长期以来，这两个地区战乱频发、政局动荡，如果来自这些地区的石油供应中断，将使中国直接受到严重的影响。因此，在石油进口中来自这两个地区的比例越大，中国的石油安全所面临的风险也就越高。

## 2.5.3　运输路径存在潜在威胁

我国运输石油的路线缺少选择性，85% 以上要经过印度洋—马六甲海峡—南中国海航线，极易遭到封锁和控制。由于从中东和非洲购买的油气都得通过马六甲海峡这条线路运输，而马六甲海峡又经常遭到组织严密的海盗袭击。第二次世界大战后，马六甲海峡归马来西亚、印度尼西亚和新加坡共管，而美国和日本却一直染指并试图控制该地区的航运通道，可以毫不夸张地说，谁控制了马六甲海峡，谁就扼制住了中国的能源通道。可见，对中国这样一个大国来说，对作为国家战略资源的能源缺乏有力保障，特别是缺少海军对海上运输安全保障的条件下，过度依赖海外进口，风险是十分巨大的。为了提高运输的安全性，中国应该寻找更多的运输线路和运输手段。

## 2.6 中国的石油价格安全形势

### 2.6.1 缺乏国际石油定价权和有效的监管机制

有资料显示，到 2014 年中国已成为第二大石油进口国和第二大石油消费国[①]，在国际石油生产与消费方面占有举足轻重的地位。但与此极不相称的是，中国缺乏国际石油定价权。我国目前尚未大规模参与世界石油衍生品交易，没有市场保护屏障，不能对进口石油进行套期保值，因此无论油价涨幅多大，都只能被动接受。同时，我国缺乏有效的油价监管和预警机制，因此，极易受到油价剧烈震荡的影响，这也是石油价格波动极易对我国经济造成巨大负面影响的主要原因。

### 2.6.2 石油定价权缺失造成"亚洲升水"

国际贸易中，石油定价规则一般是以一种原油作为交易的基础价格，再根据具体交易条件的不同，在基准价格基础上加上贴水来确定当地的石油价格。目前世界范围内，以两种原油作为基准原油。一种是在美国纽约商品交易所（NYMEX）交易的 WTI 原油，另一种是在英国国际石油交易所（IPE）交易的 Brent 原油。中东原油主要流向亚洲、欧洲和美国，销往欧洲的原油价格与 Brent 油价联动，销往北美的原油价格与 WTI 油价联动，由于亚洲地区目前没有成功的石油期货市场，没能形成一个能与 Brent 和 WTI 处于同等地位的基准原油，因此销往亚洲的原油与新加坡普氏（PLATTS）报价系统的迪拜、阿曼油价联动，每月根据公布的官方贴水（premium）价格，以提单日所在月计价。

---

① 石油进口量和消费量仅次于美国（欧盟除外）；资料来源于 BP Statistical Review of World Energy (2014)。

PLATTS 报价由于作价机制等方面的原因，无法真实反映东北亚地区的市场供求关系，导致中东销往东北亚的原油价格普遍较高[74,75]。

由于亚洲地区缺少完善的石油期货市场，无法形成合理的石油价格，造成了中东原油销往东北亚地区的价格高于销往欧美地区的价格，这种现象在国际上被称为"亚洲升水"（Asia premium）[75]。1997～1998 年亚洲经合组织成员国原油进口价格高于美国约 1.5 美元/桶，2001 年高达 2.75 美元/桶[76,77]。中石化的研究报告表明，从 1993～2001 年，沙特阿拉伯轻质原油销往东北亚地区的价格比销往欧洲的价格平均高 1.01 美元/桶，与销往美国的市场相比差距更大，有时达到 3 美元/桶以上。有时从沙特阿拉伯购油运回国内，还不如按沙特阿拉伯给美国的价格，先从沙特阿拉伯运到美国，再从美国转运到中国的价格便宜。按 2005 年我国石油净进口量 1.36 亿吨的标准计算，每年我国进口石油成本因"亚洲升水"增加约 10 亿美元。据国际能源署（IEA）预测，石油价格每上升 10 美元，2006 年我国真实 GDP 将下降 0.8%，通货膨胀率将上升 0.8%。国际油价上涨因素造成中国居民消费价格上涨 0.16 个百分点，工业品出厂价格上涨 1.45%。

### 2.6.3　石油价格易受诸多不确定因素的影响

一方面，国际政治是影响石油价格的一个重要因素[49]。进入 21 世纪，国际政治风起云涌，地缘冲突或突发事件接连不断，美国"9·11"事件、阿富汗和伊拉克战争、土耳其爆炸案、僵持并"永久化"的伊拉克问题、伊朗核问题和朝核问题的新爆发等，都是直接导致国际石油价格紧张与实际供给减少的重要基础因素。美国与 OPEC 的关系，美国与俄罗斯、日本、欧洲以及非洲、拉丁美洲等产油国/地区和消费国/地区之间的利益和冲突博弈，不断扩大国际政治的不稳定性，都集中在国际石油领域的较量与竞争，使得国际石油价格走势面临恐慌和矛盾，价格上涨超过供需实际状况，成为经济需求和地缘政治的利益的集中反应。

另一方面，石油价格又可以改变全球力量对比，重塑国际政治格局。近期油价的上涨也成了产油国手中的一张政治牌。不仅伊朗，委内瑞拉、苏丹等也都以石油为后盾，争取大国的支持，发展与各国的双边关系。伊朗重启浓缩铀计划，而不惧怕美国将此问题提交联合国的威胁，与其拥有左右国际油市的能力有很大关系。对中东产油国而言，美国要求其进行"民主改革"的压力无处不在，但只要改革一触及社会稳定，继而干扰石油生产，美国就会暂时放缓压力，不希望看到国际油市进一步波动。同样，欧盟重视改善与俄罗斯的关系，加强与地中海沿岸国家的关系，背后都有石油因素的考量。

# 2.7 小　结

改革开放以来，中国经济取得了迅猛发展，其对能源特别是石油资源的需求迅速扩大。但是与此极不相称的是，这样一个石油消费大国缺乏国际石油定价权，石油价格预警机制也极不完善，对油价异常波动的反应迟缓。在此不利条件下，一旦爆发大规模的石油危机，必将对中国经济造成不可估量的影响。

石油价格之所以极易出现如此大幅度的上下波动，主要来源于它自身所固有的三个特性：高度的依赖性、天然的稀缺性和分布的不均衡性，这些属性一方面使石油成为保障国家经济安全和政治安全的重要战略物资，另一方面也增加了由于石油供应中断或价格暴涨而导致经济危机的可能性。在当前不确定的政治和经济环境下，石油价格极易出现大幅波动，这势必会给我国经济的发展带来巨大打击。石油安全，特别是价格安全已经威胁到了国家的经济安全和整体安全，成为一个不可回避的现实问题。

# 第3章　石油价格波动特征分析及预警分级机制构造

石油价格无时无刻不处在波动过程中，但是，不同时期石油价格波动的持续时间和波动强度均有所不同。对石油价格波动规律进行研究，发现其中的周期性特征，并将波动过程按波动的周期、波动的振幅，以及波动可能出现的概率形成预警分级机制，重点关注那些波动强度大，持续时间长，可能对经济造成负面影响的波动过程，有助于直观展现石油价格的波动规律，对石油价格波动对经济影响的预警研究将起到辅助和参考的作用。

本章将 Hilbert-Huang 变换理论用于分析石油价格的波动过程，从石油数据本身出发，发现其中隐含的波动规律。在此基础上对所有波动过程按照波动的周期、振幅以及波动可能出现的概率进行加权分析，最终形成一套较为科学和可操作性强的石油价格波动预警分级机制。

## 3.1　引　　言

国际石油价格市场纷繁复杂，不同历史时期采用不同的定价方法，不同国家采用不同的价格机制。目前，国际石油贸易中的石油价格大致有七种，分别是石油的现货交易价格、石油期货交易价格、石油输出国组织的官方价格、非石油输出国组织的官方价格、石油以货易货价格、石油净回值价格以及石油价格指数。在这七大石油价格体系中，尤以石油期货价格表现最为突出。石油期货市场是全球石油定价中心，也是全球石油价格市场的风向标。在众多的石油期货定价机制中，又以纽约商品交易所（New York Mercantile Exchange，NYMEX）推出的WTI原油期货合约运作最为成功，影响也最为广泛。因此，本书实证研究时将选取该原油期货价格数据作为主要研究对象[①]。

改革开放以来，中国经济迅猛发展，其对能源特别是石油资源的需求迅速扩大，到 2008 年，我国已成为第三大石油进口国和第二大石油消费国。但与此极

---

① 　鉴于可以理解的原因，本书将不再区分"石油价格"和"石油期货价格"，若无事先声明，所提石油价格均为 WTI 石油期货价格，数据来源于 Energy Information Agency（EIA）。

不相称的是，这样一个石油消费大国缺乏石油定价权，石油价格预警机制也极不完善，对油价异常波动的反应迟缓。尽管在 1998 年我国原油价格就实现了与国际的接轨，但这仅仅是价格水平上的简单接轨，是对国际油价的被动接受。我国原油价格的定价过程是：国家发改委在参照国际原油期货价格的基础上，制定出原油基准价格，三大石油公司以此基准价为依据来确定原油购销价格[78,79]。其中：

基准价＝月离岸均价×桶吨比×汇率，原油关税为 0；

到岸价＝基准价＋贴水；

实际销售价格＝到岸价×1.17，需附加增值税

这种定价机制不仅没有真正参与油价的形成过程，更无法掌握油价的波动机制，因此极易陷入"买涨不买跌"的价格陷阱，面临着极大的国际油价波动风险[80]。在此不利条件下，一旦爆发大规模的石油危机，必将对中国经济造成不可估量的影响。

由于石油价格形成的复杂性[81]，其波动呈现出高度的非线性特征，甚至具有混沌的性质[82,83]，这给油价波动预警分析带来了巨大的挑战，有必要采用非线性结构的方法，对石油价格序列进行研究，提出预警信号，减少油价波动对经济安全的影响程度。希尔伯特-黄变换（Hilbert-Huang transform，HHT）是由 N. E. Huang 及其合作者于 1998 年提出的一种自适应数据分析方法[84]。该方法采用经验模态分解（empirical mode decomposition，EMD）技术，从信号本身分解出一组各不相同的基底，分解结果具有自适应的特点，十分适合处理复杂的非平稳信号，是一种更具适应性的时频分析方法，已被成功应用于海洋、大气、生物医学、金融[85]、故障诊断、油价预测等多个领域。鉴于 HHT 方法良好的自适应性和对动态非平稳数据良好的分析能力，本章将采用 HHT 方法来分析石油价格波动问题，并借助分析结果构建石油价格波动预警分级机制。

## 3.2　分析工具及思路

希尔伯特-黄变换过程由经验模式分解（empirical mode decomposition，EMD）和希尔伯特频谱分析（Hilbert spectrum analysis，HSA）两部分组成。经验模式分解是希尔伯特-黄变换的关键步骤，通过分解原始数据可以得到一组"固有模态方程"（intrinsic mode function，IMF），从而将复杂数据分解为为数不多的几个 IMF。分解得到的各个 IMF 可以是线性的，也可以是非线性的。

IMF 是 HHT 理论中主要的创新，这些 IMF 刻画了信号在每一个局部的振荡结构或频率结构。接下来，将分解得到的固有模态方程作 Hilbert 变换，可以得到瞬时频率，作为时间的函数，它可以对非平稳非线性信号的结构作出精确的分辨，并保存事件的时间局部性，这一过程称为 Hilbert 谱分析。现将各个过程的具体步骤介绍如下。

### 3.2.1　经验模式分解

经验模式分解的基本思想是：给定任意时间序列 $X = (x(1)，x(2)，\cdots，x(T))^{\mathrm{T}}$，如果该序列的极值点个数和零交叉点个数相等或相差小于等于 1 个，且由局部最大值和局部最小值形成的包络线的平均值为零（实际应用时，达到某一很小的数值即可），则称该数据序列是平稳的[85]，否则，需要对其进行经验模式分解，其分解过程是[86]：

步骤 1：确定所有的局部最值，连接所有局部最大、最小值的三次样条线作为原始数据的上下包络线，并求出上下包络线的均值作为源数据序列的平均包络 $m_1$。

步骤 2：原数据序列 $X$ 与上下包络平均值 $m_1$ 相减，得到一个新的数据序列 $h_1$，即：

$$X - m_1 = h_1 \tag{3-1}$$

如果 $h_1$ 满足 IMF 的要求，则将其视为第一个固有模态方程，否则，需要对它重复上述过程 $k$ 次，直到所得到的平均包络值趋于零，此时的 $h_{1k}$（也就是 $c_1$）即为原始数据的第一个固有模态方程 $\mathrm{IMF}_1$。

$$\begin{cases} h_1 - m_{11} = h_{11} \\ \quad\vdots \\ h_{1(k-1)} - m_{1k} = h_{1k} \\ c_1 = h_{1k} \end{cases} \tag{3-2}$$

步骤 3：将原始数据序列 $X$ 减去 $c_1$ 得到了一个差值序列 $r_1$：

$$r_1 = X - c_1 \tag{3-3}$$

步骤 4：对 $r_1$ 重复进行上述平稳化处理，得到第二个固有模态方程 $c_2$ 及差值项 $r_2$，循环往复，直到 $r_n$ 成为一个单调函数，且无法从中提取出满足 IMF 条件的分量时，循环结束。

$$\begin{cases} r_1 - c_2 = r_2 \\ \quad\vdots \\ r_{n-1} - c_n = r_n \end{cases} \tag{3-4}$$

最终，原始数据序列被分解为若干个 IMF 分量以及一个残差项：

$$X(t) = \sum_{j=1}^{n} c_j + r_n \qquad (3-5)$$

EMD 的算法流程图如图 3.1 所示。

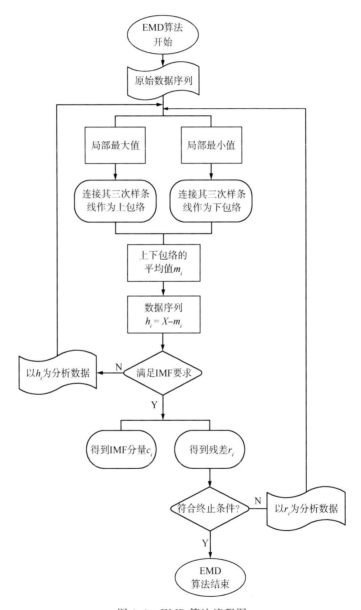

图 3.1 EMD 算法流程图

Huang 将这样的处理过程形象地称为"筛"（sifting）过程。

## 3.2.2　Hilbert-Huang 频谱

经验模态分解为 Hilbert 频谱分析奠定了基础。对于非平稳的数据序列来说，Hilbert 频谱分析得到的结果很大程度上失去了原有的物理意义，但是，经过 EMD 分解后得到的各 IMF 分量都是平稳的，因此基于这些 IMF 分量进行 Hilbert 频谱分析后得到的结果能够反映真实的物理过程，得到的 Hilbert-Huang 谱也能够准确地反映出石油价格波动过程中能量在空间（或时间）尺度上的分布规律。

对于任意的 $X(t)$，其 Hilbert 变换后的结果 $Y(t)$ 可以被表示为：

$$Y(t) = \frac{1}{\pi} P \int \frac{X(\tau)}{t-\tau} \mathrm{d}\tau \qquad (3-6)$$

其中，$P$ 表示积分的柯西主值。由 $X(t)$，$Y(t)$ 形成解析信号 $Z(t)$：

$$Z(t) = X(t) + iY(t) = a(t)e^{i\theta(t)} \qquad (3-7)$$

其中，$a_j(t)$，$\theta_j(t)$ 分别代表解析信号的幅值和相角。

$$a(t) = \left[ X^2(t) + Y^2(t) \right] 1/2,$$

$$\theta(t) = \arctan = \frac{Y(t)}{X(t)}$$

由此得到瞬时频率 $\omega(t) = \dfrac{\mathrm{d}\theta(t)}{\mathrm{d}t}$。

至此，原始数据序列的 Hilbert 变换结果可以表示为：

$$H(t) = X(t) = \mathrm{RP} \sum_{j=1}^{n} a_j(t) e^{i \int \omega_j(t)\mathrm{d}t} \qquad (3-8)$$

RP 表示数据序列的实部。一般在讨论 Hilbert 谱的时候，残差项不会考虑在内，这是因为残差通常代表的是长期趋势，可以看成是长周期的振荡，能量较大，而分析序列时通常关注的是那些高频低能量的部分。因此，在 Hilbert 频谱分析中，将忽略残差项部分。

## 3.2.3　Hilbert 边际谱

基于 Hilbert 频谱，可以定义 Hilbert 边际谱（Hilbertmarginal spectrum）。Hilbert 边际谱是将 Hilbert 谱沿时间轴叠加得到的，可以将其表示为：

$$h(t) = \int H(t) \mathrm{d}t \qquad (3-9)$$

Hilbert 边际谱表示的是各个频率在所有时间内其能量或振幅的概率分布。如果 Hilbert 边际谱中，在频率 $\omega$ 处存在能量，则说明在某一时点存在频率为 $\omega$ 的波动，能量越大，代表该频率出现的可能性越大，而其发生的时刻，则在 Hilbert-Huang 谱中提出了精确的定位，因此，从统计意义上来说，Hilbert 边际谱表征了整组数据每个频率点的累积分布，即某一频率波动出现的可能性。

## 3.3　石油价格波动特征分析

本书的研究过程主要基于以下两点假设[87]：①历史上公认的四次石油危机是有规律可循的；②石油期货价格是石油价格有效的表现形式。其中，假设条件①是后续实验的基础，也可由后续实验证明；假设条件②则是业界普遍接受的观点，因为期货价格是由众多投资主体相互博弈后形成的均衡价格，它领先且收敛于现货价格，因此具有较强的典型性。

### 3.3.1　石油价格波动的经验模式分解

1. 固有模态方程

综合数据的可靠性和可获得性两方面考虑，本章选取 1986 年 1 月至 2009 年 9 月，美国纽约商品交易所的 WTI 原油周平均价格，共 1239 个事件期作为样本数据①，图 3.2 描绘出石油价格波动的 EMD 分解结果。

为了证明经验模态分解能真实、完整地反映油价的实际波动情况，图 3.3 描绘出 WTI 石油期货价格真实值与模拟值的对比。

由图 3.3 可以看出，EMD 方法几乎完整地拟合出石油价格的真实走向。由此足以证明，将 EMD 方法应用于分析石油价格的波动情况，得出的固有模态方程是准确有效的，因此利用经验模态分解结果来分析石油价格波动过程是可行的。

2. 结果分析

在对 1986 年 1 月 2 日至 2009 年 9 月 30 日的 1240 个周数据进行 EMD 分解的前提下，可以计算出 8 个固有模态方程和 1 个残差的如下参数：平均周期（mean period）、最大振幅（maximum amplitude）、相关系数（correlation coefficient）。具体

---

①　数据来源：U.S Energy Information Administration（EIA，http：//www.eia.doe.gov/）。由于 EIA 对原油价格的统计数据从 1986 年开始，此处的研究样本数据期选取 1986 年至 2009 年 9 月。

如表 3.1 所示。

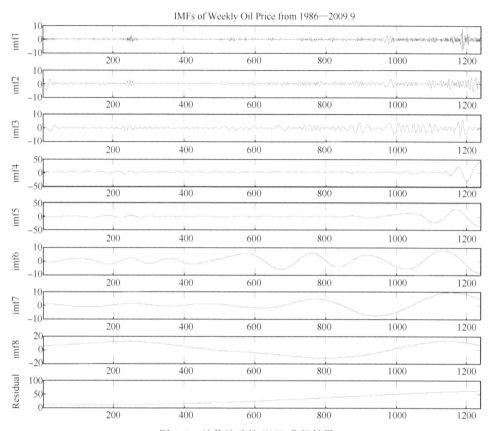

图 3.2  油价波动的 EMD 分解结果

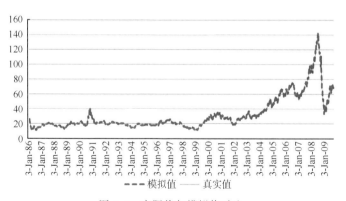

图 3.3  实际值与模拟值对比

表 3.1 石油价格 EMD 分解的一些参数

| 项目 | IMF1 | IMF2 | IMF3 | IMF4 | IMF5 | IMF6 | IMF7 | IMF8 | Residue |
|---|---|---|---|---|---|---|---|---|---|
| 平均周期<br>（MP，周） | 3.61 | 7.47 | 16.1 | 36.47 | 82.67 | 117.14 | 310 | 620 | |
| 最大振幅<br>（MA，美元/桶） | 8 | 5 | 7 | 38 | 33 | 9 | 10 | 13 | |
| 相关系数（CC） | −0.005 | 0.052 | 0.081** | 0.227** | 0.256** | 0.154** | 0.326** | 0.525** | 0.793** |

** Correlation is significant at the 0.01 level (2-tailed)

Residue 表示的是数据序列的变化趋势，因此，从长远来看，首先，油价仍将持续上涨。其次，IMF1～IMF 8 的频率逐个递减。也就是说，IMF1 表示的是频率最高的固有模态方程，其平均波动周期为 4 周左右①。最后，除残差项外，与石油价格波动相关性最大的分量是 IMF7 和 IMF8，这也证明了高周期分量在石油价格波动分析中的重要地位，因为一旦高周期分量的波动趋势发生了变化，必然是受到了某一波动的影响。由此可以得出结论，大规模的石油价格波动周期约为 12 年。

## 3.3.2 石油价格波动的 Hilbert 频谱分析

### 1. 石油价格波动的 Hilbert-Huang 频谱

在得到了石油价格的固有模态方程后，便可以对其构造 Hilbert-Huang 频谱，如图 3.4 所示。Hilbert-Huang 谱以颜色的深浅来描述信号能量的时频分布，信号的能量指的是信号传递的能力。信号的能量越低，频率越高，衰减越厉害，传递距离越小；反之，信号的能量越高，频率越低，传播距离越远。

在反映油价波动过程的 Hilbert-Huang 频谱中，能量大部分分布在低频段，在高频段内只散布着非常低的能量，这一结论符合石油价格波动的实际特征。如果将油价波动过程分为长期性波动过程（对未来石油价格走势会产生长期、深远影响的石油价格波动过程，如由 "9·11" 事件、伊拉克战争等引起的石油价格波动过程）和短期性波动过程（对未来石油价格走势产生短暂的影响，油价在短期内就能恢复的波动过程，如投机资金炒作、流言、假消息等引起的石油价格波动过程）两种类型，那么长期性波动过程对油价的影响无疑要大于短期性波动过程的影响，长期性波动过程也更易引发石油价格危机。

---

① 平均波动周期表示出现一次油价波动间隔的时间，其余固有模态方程的周期依次为：8 周、16 周、9 个月、1 年 6 个月、2 年、6 年、12 年。

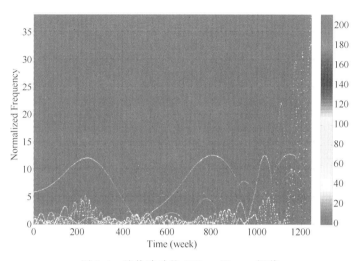

图 3.4　油价波动的 Hilbert-Huang 频谱

2. 石油价格波动的 Hilbert 边际谱

在得到了石油价格波动的 Hilbert 频谱后，便可以开始构造 Hilbert 边际谱，如图 3.5 所示。

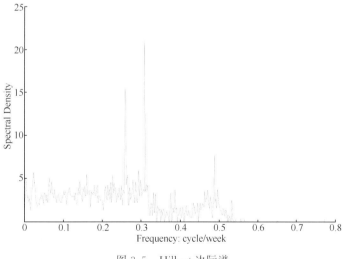

图 3.5　Hilbert 边际谱

由于在 Hilbert-Huang 频谱中，能量重点分布在低频区域中，故 Hilbert 边际谱中从 0.6cycle/week 之后便几乎不再出现能量信号，另外，在频率为 0.31 和 0.26

cycle/week，即 3～4 week/cycle 附近聚集的能量最多。由此可以得出结论：石油价格波动的持续周期大多为 3～4 周（约 1 个月），这一结论也再次验证了表 3.1 中的分析结果。因此，在构建石油价格波动预警知识库系统时，最为恰当的周期间隔应当为 1 个月。

Hilbert 边际谱具有一定的概率意义，由此可以得出不同频率的石油价格波动过程可能出现的概率。按照 EMD 分解的结果，将 Hilbert 边际谱的横轴（频率）分为 8 份，每份出现的概率计算如下[①]：

$$P_i = \frac{\int_{f_i} ldf}{\sum_{i=1}^{8} \int_{f_i} ldf} \times 100\%, \quad \frac{1}{f_i} \in [MP(\mathrm{IMF}_i), MP(\mathrm{IMF}_{i+1})) \tag{3-10}$$

其中，$l$，$f$ 分别表示波动出现的可能性及波动的频率，$f_i$ 表示 $\mathrm{IMF}_i$ 的频率范围，$MP(\mathrm{IMF}_i)$ 表示 $\mathrm{IMF}_i$ 的周期。通过计算，得出 IMF1～IMF8 出现的概率分别为 69.55%、1.91%、15.89%、6.56%、3.71%、2.03%、0.3%、0.05%。

## 3.4  石油价格波动的预警分级机制

将 Hilbert-Huang 变换得到的 8 个固有模态方程 IMF1～IMF8 作为衡量石油价格波动强度的预警分量，在得到各个预警分量的波动周期、波动幅度和波动可能出现的概率的基础上，构造石油价格波动预警分级机制。

### 3.4.1  预警分量构造

波动的平均周期（$P$）、波动幅度（$M$）以及波动可能出现的概率（$R$）三者的加权和是衡量预警分量 IMF1～IMF8 强弱程度的重要标准，但是，上述三个属性的计量单位各有不同，不能直接对其加权运算，因此，首先需要对其进行去量纲化处理，处理方法如下：

$$x'_{ij} = \frac{x_{ij} - \min_j\{x_{ij}\}}{\max_j\{x_{ij}\} - \min_j\{x_{ij}\}} \tag{3-11}$$

---

① 之所以分为 8 份，主要是由 EMD 分解结果决定的。频率即周期的倒数，按照 EMD 分解结果中各个 IMF 分量的周期值，将 Hilbert-Huang 边际谱的频率轴分成 8 份，分别代表不同频率的波动在所有波动中出现的概率，即各个 IMF 分量出现的概率。

在没有直接证据显示波动周期、波动幅度及波动可能出现的概率对石油价格波动预警分量的影响程度孰轻孰重的前提条件下，等权重（equal weight，EW）不失为一种相对公平的赋权方法[88]。等权重赋权是综合指标赋权方法的一种，现已被广泛应用于众多领域，如联合国编制的"人类发展指数"（human development index，HDI）赋予"生活期望指数"、"教育指数"及"GDP 指数"各 $\frac{1}{3}$ 的权重[①]；耶鲁大学和哥伦比亚大学联合发布的全球"环境绩效指数"（environmental performance index，EPI）赋予其一级子指标"生态系统活力"指数和"环境健康"指数各 50% 的权重[②]等。

鉴于此，本书考虑在赋予（$P$，$A$，$R$）=（0.33，0.33，0.33）的权重组合下，计算对各预警分量预警信号的强弱程度：

$$warn_i = \frac{\sum_{j=1}^{3} w_j x'_{ij}}{\sum_{j=1}^{3} w_j}, \quad i = 1, 2, \cdots, 8 \tag{3-12}$$

其中，$warn_i$，$i = 1, 2, \cdots, 8$ 表示 IMF1～IMF8 的强弱程度，$w_j$ 表示第 $j$ 个属性的权重，$x'_{ij}$ 表示第 $i$ 个预警分量的第 $j$ 个属性值。按照预警信号强度由小到大进行排列，序位越高，表明该预警分量提供的预警信号越强。结果显示，预警分量 IMF1～IMF8 的次序为：

IMF2(1) → IMF6(2) → IMF3(3) → IMF7(4) → IMF5(5) → IMF4(6) → IMF1(7) → IMF8(8)

## 3.4.2　预警分级机制构造

由 IMF1 的波形图可知，数据期内主要的几个波峰分别出现在 1990～1991 年、1999～2000 年、2002～2008 年，其中又以 1990 年是公认的出现过石油危机的年份，因此，选用 1990 年 10 月（在 1990～1991 年的油价最高月份）作为研究的初始期，计算每个时期的预警信号强度。

---

① 资料来源：http://hdr.undp.org/en/。

② 资料来源：http://epi.yale.edu/Metrics。其中，"生态活力指数"的二级子指标的权重分别为：环境变化（25%）、农业（4.167%）、渔业（4.167%）、林业（4.167%）、生物栖息地（4.167%）、生态系统中的水资源（4.167%）、生态系统中的大气污染（4.167%）。"环境健康指数"的二级子指标权重分别为：疾病压力（25%）、人类活动的大气污染（12.5%）、人类活动的水资源（12.5%）。

为了计算各个时期石油价格波动的预警级别，需要对其构建预警分量矩阵，见表3.2。在预警分量矩阵中，列表示每个预警分量，行表示每一个预警分量出现的时间。从初始期开始，按照各个预警分量的出现周期进行推算，若某一时间点未出现预警分量，则该矩阵元素为0；反之，若某一时间点出现了某一预警分量，则在对应的矩阵中填入该预警分量的排序序号。以IMF1为例，设初始条件下未出现预警信号。由于IMF1每月出现1次，因此，1990年11月IMF1分量再次出现，序号为7，依此类推。

表 3.2　预警分量矩阵

| 项目 | IMF1 | IMF2 | IMF3 | IMF4 | IMF5 | IMF6 | IMF7 | IMF8 | Sum |
|---|---|---|---|---|---|---|---|---|---|
| 1990.10 | 0 | 0 | 0 | 0 | 0 | 0 | 0 | 0 | 0 |
| 1990.11 | 7 | 0 | 0 | 0 | 0 | 0 | 0 | 0 | 7 |
| | ...... | | | | | | | | |
| 1991.7 | 7 | 0 | 0 | 6 | 0 | 0 | 0 | 0 | 13 |
| | ...... | | | | | | | | |
| 2002.1 | 7 | 0 | 2 | 6 | 0 | 0 | 0 | 0 | 15 |
| | ...... | | | | | | | | |
| 2002.10 | 7 | 1 | 3 | 6 | 5 | 2 | 4 | 8 | 36 |
| | ...... | | | | | | | | |
| 2009.2 | 7 | 1 | 3 | 0 | 5 | 6 | 0 | 0 | 22 |
| | ...... | | | | | | | | |
| 2010.4 | 7 | 1 | 0 | 6 | 5 | 0 | 0 | 0 | 19 |

最终，预警分量矩阵中的各元素的累加和即代表每个时期预警信号的强度：

$$Intensity_i = \sum_{j=1}^{8} sub - intensity_{ij} \tag{3-13}$$

计算结果如图3.6所示。

按照图3.6中所有预警信号的强弱程度，将所有的预警信号分为三类：高度预警信号（预警信号强度高于30），中度预警信号（预警信号强度高于25而低于30），以及轻度预警信号（预警信号强度高于20而低于25）。之所以选择30、25、20为石油价格波动预警分级的警限值，依据的是标准正态分布"$6\sigma$原理"。在验证

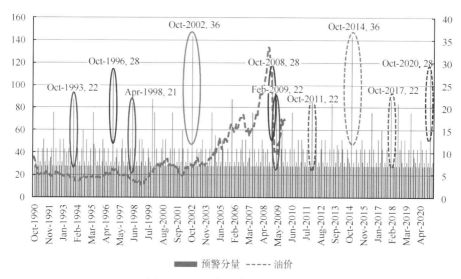

预警分量 ----- 油价

图 3.6　石油价格波动预警分析图

注：图中 2010 年以后的预警信号为预测值

了预警信号强度序列符合正态分布的基础上[①]，以 $r+2\sigma$，$r+4\sigma$，$r+6\sigma$ 分别定义为轻度预警、中度预警、高度预警信号的警限，其中，$r$ 表示预警强度数据序列的均值，$\sigma$ 表示的是预警强度数据序列的标准差。之所以选择 $r+2\sigma$ 作为轻度预警信号的警限值，主要是为了及时、尽早地提出石油价格的波动警示；考虑到高度预警信号的提出应尽量减少金融投资市场对石油价格波动预期的恐慌，选取 $r+6\sigma$ 作为高度预警信号的警限；在确定了轻度、高度预警信号警限值的基础上，选取 $r+4\sigma$ 作为中度预警信号的警限。由计算可知，预警强度序列的均值为 9.59，标准差为 4.22，因此，高度预警、中度预警、轻度预警信号的警限值分别为 34.91，26.47，18.03，综合考虑图 3.6 中实际预警信号强度的大小，规整后确定 30、25、20 作为石油价格波动预警分级机制的警限值。

图 3.6 中，1990 年 10 月至 2009 年 9 月的预警信号为实际预警信号（以实线椭圆标注），而 2009 年 9 月以后发出的预警信号均为对未来的预测（以虚线椭圆标注）。

---

① 利用 SPSS 软件的 P-P 图验证了石油价格波动预警信号强度序列符合正态分布。

### 3.4.3  预警分级机制效果分析

1. 轻度预警

危机后的第一次较为明显的石油价格波动过程出现在 1994~1996 年，在此期间，油价到达了 1991 年以来的第一个高位。只是这种波动相对还比较温和，油价攀升的幅度并不是很大，石油价格总体上处于平稳上涨状态。

距离目前最近的一次轻度预警信号可能将会出现在 2011 年。参照以往的经验，在此轮上涨过程之后，油价可能会达到一个阶段性的高点。虽然该次波动过程可能仍将比较平稳，但是各国要防范在这轮油价上涨过后经济出现大规模衰退的可能性，1998 年的亚洲金融危机就是一个很好的例子。

2. 中度预警

自 1990 年至今，中度预警信号共出现过两次，分别是 1996 年和 2008 年。由图 3.6 可以发现，1996 年的那次预警信号以后，油价并没有按照预期的那样快速上扬，而是"先扬—后抑—再扬"。之所以会出现这样的结果可能和当时复杂的国际环境有关：1996 年 1 月，石油最大消费国——美国政府宣布将其部分战略石油储备出售，以缓解高油价给美国经济带来的负面影响；同时，1997 年，OPEC 四年来首次上调其产量，将产量增至 2750 万桶/天；另外，1998 年爆发的亚洲金融危机削减了各国对石油消费的需求。以上提及的所有这些外部环境都抑制了油价的进一步上涨，在其综合作用下，1999 年油价才出现上涨迹象，并于 2000 年达到阶段性的高位。

在出现 2008 年的中度预警信号以后，石油价格在 2009 年年初便开始了新一轮的上涨过程，石油价格从 2009 年年初的 41.7 美元/桶上涨到 2009 年 9 月的 69.41 美元/桶，涨幅达到 66.4%。虽然这一过程中没有出现新的历史高位，但接近 80 美元/桶的价格仍然给世界经济的全面复苏带来了巨大的压力。

下一次中度预警信号出现在 2020 年，尽管距离这一预警时间点还有 5 年的时间，但是其与 2008 年相似的周期波动特征，促使人们从现在开始就要高度警惕其可能带来的巨大负面影响，提前做好防范措施。

3. 高度预警

2002 年出现过一次极强的预警信号，随后便出现了迄今为止最为严重的一次油价上涨过程，石油价格由 2002 年年初的 20 美元/桶上涨到了 2008 年 7 月的 133 美元/桶，涨幅之大、增速之快历史罕见。高油价对国际社会产生了巨大的影响，出现了全球范围内的能源恐慌，同时带来了世界范围内的经济衰退，有学者甚至提出将这次油价上涨过程定性为"第四次石油危机"。尽管对这一论断学术界存在争议，但不可否认的是，这次油价波动过程给全球经济带来的冲击是 1973 年第一次石油危机以来最为剧烈的一次。

预计，2014 年前后仍可能出现一次较大规模的油价波动过程，并且这次波动过程的规模和幅度将与 2002 年出现的那次波动过程十分相似。前三次石油危机发生时，由于我国的工业发展还未形成较大规模，且石油生产尚能自给自足，因此受石油危机的冲击不是很大。但是现如今，中国已成为世界第三大石油进口国和第二大石油消费国，石油对外依存度已超过 50%，且这种供需缺口仍有不断增大的趋势。在这样的国际国内背景下，2002 年的这次"石油危机"对中国来说应该算是第一次真正意义上的"危机考验"。

## 3.5　小　　结

本章采用 Hilbert-Huang 变换方法，以 1986 年 1 月至 2009 年 9 月 WTI 原油周平均价格，共 1239 个事件期作为研究对象，研究了石油价格的波动规律，得到石油价格的波动周期，并对历次石油价格的波动过程按照其波动周期、波动幅度以及波动可能出现的概率进行了预警分级研究。由于 Hilbert-Huang 变换从石油价格数据序列本身出发，减少了传统预警体系中人的主观因素的影响，故此得出的结论更能反映出石油波动过程的内在机理，是对传统预警分析方法的改进和补充。同时，本章的研究为石油价格波动预警知识库系统提供了周期选择的依据。

# 第4章　石油价格波动对经济的离群影响研究

石油价格波动对经济的影响常常表现为经济数据的"离群"的现象。所谓"离群"指的是游离于常规数据"簇"外的现象，离群点通常被认为是由于错误录入而产生的"噪声"。现有研究大多围绕如何减少离群数据展开，但在特殊环境下（如研究石油价格波动对宏观经济的影响时），离群点往往暗示着经济的异常运行，这恰恰是人们急需关注的问题。因此，离群点检测就成为石油价格波动对经济影响预警研究的关键任务。

本章研究的目标是发现石油价格波动过程中那些明显背离正常走势行为规律的经济数据记录，并将导致这些记录异常的油价、经济数据找出来，作为"典型"案例添加进石油价格波动对经济影响的预警知识库系统中，方便日后出现类似问题时，及时发现可能出现的异常情况，提前做好防范对策。

## 4.1　引　　言

前三次石油危机的出现，使得众多西方发达国家的经济受到重创，近年来，随着世界经济体制的转变，发展中国家对石油需求的增长迅速，石油价格波动对经济的影响开始从发达国家逐渐向发展中国家蔓延，由此带来了迄今为止最为严重的经济危机，世界主要经济体陷入衰退。对于我国这样一个石油消费量巨大的发展中国家来说，油价的持续上涨必将导致成本推动的通货膨胀，进而抑制消费需求，降低和减缓经济增长速度，最终对我国经济带来巨大的冲击和负面影响。因此，找出石油价格波动对我国宏观经济的影响具有极强的现实意义。

石油价格波动对经济的离群影响是一个高维的复杂问题，在研究石油价格波动对经济影响的离群特征时，需要搞清楚为什么这个点是离群点、油价波动是否对经济产生离群作用、哪些属性导致该离群点的产生、经济在这一阶段出现了什么问题。要解释清楚这些问题，石油价格波动对经济影响的高维离群检测研究便成为必然。

本章将蚁群算法和超图模型相结合，提出一种新的高维离群检测算法——AHHDOD算法，在检测出离群数据模式的同时提出离群点的归属，对石油价格对经济的影响过程展开离群研究，以离群点的多少表示经济对石油价格波动的敏感程度，并进一步展开国际比较。

## 4.2　理 论 基 础

### 4.2.1　数据挖掘与离群点

自 20 世纪 90 年代以来，数据挖掘（data mining，DM）技术引起了人们的广泛关注，并得到了迅猛发展。对于数据挖掘的研究主要集中在 4 个方面[89]：关于依赖关系的发现、类别的判定、类别的描述、离群或异常（outlier）数据挖掘。前三类研究关注的是大部分数据记录所服从的数据模式，而离群检测的目的则在于找出隐含在海量数据中相对稀疏且孤立的异常数据模式。前三类数据挖掘技术在很多应用领域有着广泛的用途，但在入侵检测、金融安全、信用评价等领域，离群数据挖掘具有特殊的理论意义和实用价值。离群数据表示的是一种偏差或新的模式的开始，而这种偏差很可能对用户造成危害或带来损失，因此需要重点关注。

到目前为止，对离群点还没有一个被普遍采纳的定义，Hawkins 对离群的定义在一定意义上揭示了离群点的本质[90]："离群点与其他点如此不同，以至于让人怀疑它们是由另外一个不同的机制产生的。"离群点可能是由于度量误差或程序设置所导致的。例如，一个人的年龄为"999"可能是程序对缺省值的统一设置，这样的错误信息没有任何研究价值，在数据预处理阶段就应该作为"噪声"将其剔除；而另一方面，离群点也可能是对现实世界的客观反映，如在欺诈探测中，离群点可能预示着欺诈行为，这种信息恰恰能够为决策者提供丰富的决策依据。大多数据挖掘技术都致力于如何将离群点的影响降到最小，而通常采取的方法是将离群数据直接移除，这样虽然减少了错误信息的录入，但也可能导致失去一些重要的信息，换句话说，某些"特例"中常常可能包含更多有意义的信息，上万条的正常数据记录可能只覆盖了一条或几条规则，而十个离群数据有可能就反映了十条不同的规则。

### 4.2.2　高维离群检测

近年来，研究人员提出了大量的离群检测算法，大致归为如下几类：基于统计的方法[91,92]、基于距离的方法[89,93,94]、基于密度的方法[95,96]和基于偏离的方法[97-100]，现将各方法的优缺点及适用范围归纳为表 4.1。

**表 4.1 离群检测算法研究现状**

| 检测方法 | 主要优点 | 适用情况 | 时间效率 | 主要缺陷 | 高维时的影响 |
|---|---|---|---|---|---|
| 基于统计的方法 | 数据集首先被假定服从某种分布或概率模型，而离群点则被定义为那些严重偏离正常分布曲线的记录数据 | 适用于单变量的服从特定概率模型的数据集 | 视数据集的大小以及采用的概率分布模型而定，一般超过 $O(n \times \log n)$ | 只适合于单变量离群检测，需要知道较多的关于数据集的先验知识 | 离群检测过程大多针对的是单变量，少数涉及双变量，对高维数据无能为力 |
| 基于距离的方法 | 离群点被定义为数据集中与某一"簇"数据间的距离大于某个阈值的点，通常被描述为 $DB(p, d_{\min})$。数据集 $T$ 中存在离群点 $O$，当且仅当数据集 $T$ 中至少有 $p$ 部分的数据与 $O$ 的距离大于 $d_{\min}$ | 适用于属性维比较少且参数 $ptc$ 和 $d_{\min}$ 比较容易确定的数值属性数据集 | 算法的时间复杂度不低于 $O(kN^2)$ | 难以事先确定 $ptc$ 和 $d_{\min}$ | |
| 基于密度的方法 | 提出了离群强度的概念，量化了异常程度 | 适用于数据集聚类特性比较明显的数据集 | 高维空间：$O(n^2)$ | 数据的系数性和离群意义难以解释 | 当数据维数很高时，高维索引结构不再有效，顺序扫描不可避免，效率低下 |
| 基于偏离的方法 | 对数据集类型没有特殊要求 | 适用于事先已知一些特征的数据集 | 与数据集大小呈线性关系 | 实用性不强 | |

已有研究大多集中在对低维数据的离群检测方面，也形成了相对成熟的研究成果。然而，随着技术的进步，数据的来源越来越多元化，数据的收集也变得越来越简便，数据库规模日益增大，数据的复杂程度也就越来越高。受"维度效应"的影响，很多在低维空间表现良好的离群检测方法运用在高维空间上后往往无法获得理想的检测效果，这是由高维数据与低维数据不同的特征造成的。

（1）高维数据中存在的大量属性使得在所有维中存在"簇"（聚类）的可能性几乎为零。随着属性个数的不断增加，互不相关的属性值构成的各条记录在高维空间中的位置各不相同，这大大增加了高维环境中出现"离群点"的可能性。如果每条记录都有可能是离群点，那么"离群"的概念就失去了意义，也就妨碍了实际"离群"记录的发现。

（2）在高维空间中，低维空间常用的距离尺度和区域密度的衡量标准便失去了意义。与低维空间不同，高维空间中的数据分布得比较稀疏，如果单纯采用距离尺度和区域密度作为离群检测的衡量标准显然无法得到的客观的结论，这样距离尺度或区域密度便失去了其原有的直观含义。

现有研究表明，先将数据投影到子空间再进行离群检测是可行的，且很多研究者也提出了一些研究成果[101-103]。但是这也带来了另一个问题——随着数据维数的增加，对各维进行组合得到的子空间个数将呈指数增长，这样的计算代价将十分巨大。因此，如何选择最恰当的子空间就成了问题的关键。

为了探究当石油价格波动时，我国经济的离群变化，本书将蚁群算法的思想运用到超图模型中，提出一种新的高维离群检测算法——AHHDOD（ant-colony & hypergraph-based high-dimensional outlier detection）算法，用于发现我国经济的离群特征。该算法具有如下优势：

（1）能够高效且准确地发现高维空间中的离群数据；

（2）能够解释"该离群点与其他点有什么不同"的问题；

（3）提出离群偏差度的计算方法，为离群数据的分析提供了可靠依据；

（4）最终结果是可理解、可解释的。

AHHDOD算法能够在识别出离群点的基础上，进一步揭示出离群点的含义——为什么这个点是离群点、它与其他点到底有什么不同、哪些属性导致了该离群点的产生，这些才是研究者更为关心的问题，也是本章寻找离群点的最终目的。

## 4.3　分析工具及思路

在过去的几十年里，图论已经被证明是解决几何、数论、运筹学和优化决策等问题非常有用的工具。超图理论是图论的一个分支，由于它比较抽象，因此一直是图论的难点，发展比较缓慢，直到近几年，超图理论及其应用的研究开始越来越受到人们的重视。蚁群算法作为一种仿生优化算法，模拟蚂蚁觅食时的"信息素"原理，选择最优方案。蚁群算法是一个增强型的自学习系统，具有极高的自组织性和很强的顽健性，易于与其他算法融合。因此，将它用于改进超图模型将是有效和可行的。

## 4.3.1　蚁群算法

蚁群算法（ant colony algorithm，ACA）是由意大利学者 Marco Dorigo[104,105]等于 1991 年首先提出的。它是一种源于自然界中生物的新的仿生类随机搜索算法。仿生学家发现，蚂蚁虽然没有视觉，但觅食时却能够找到通往目的地的最短路径。这是因为，当蚂蚁碰到一个没有走过的路口时，会随机挑选一条路径前行，同时释放出与当前路径长度有关的"信息素"（pheromone）。所经过的路径越长，信息素浓度越低，路径未被选择的时间越长，信息素的挥发量越大。后续蚂蚁经过这个路段时，会主动选择信息素浓度较高的路径前行，从而形成一个正反馈的自学习机制。随着蚁群的不断累积，使得觅食过程形成高度的自组织性，最终通过蚁群的集体行为找出最优路径[106-108]。

设蚁群中的蚂蚁总数为 $m$，$\tau_{rs}(t)$ 表示 $t$ 时刻路径 $e_{rs}$ 上的信息素量。$\tau_{rs}(0)=$ const（const 为常数）。随着蚁群的运动，新的信息素不断增加，而旧的信息素随着时间的推移逐渐挥发。当 $m$ 个蚂蚁完成一次遍历后，各边的信息素可按如下规则进行调整：

$$\tau_{rs}(t+1)=\rho \cdot \tau_{rs}(t)+\Delta\tau_{rs}$$
$$\Delta\tau_{rs}=\sum_{k=1}^{m}\Delta\tau_{rs}^{k} \tag{4-1}$$

其中，$\Delta\tau_{rs}$ 表示本次遍历后边 $e_{rs}$ 上的信息素增量；$1-\rho$ 表示信息素的挥发速度，$\Delta\tau_{rs}^{k}$ 表示第 $k$ 只蚂蚁本次循环中留在边 $e_{rs}$ 上的信息量。

$$\Delta\tau_{rs}^{k}=\begin{cases}Q/L_{k}，若第 k 只蚂蚁在本次循环中经过边 e_{rs}\\0，其他\end{cases} \tag{4-2}$$

其中，$Q$ 为常数，表示的是信息素的强度；$L_{k}$ 为第 $k$ 只蚂蚁在本次循环中所经过的路径的总长度。边 $e_{rs}$ 对蚂蚁的吸引力越大，边之间的信息素差距越大，这样会限制算法搜索的全局性；而 $Q$ 值的大小同样也会影响算法的搜索效率：$Q$ 值过大会使算法收敛于局部最小值，过小又会影响算法的收敛速度，因此，有必要不断调整 $Q$ 值。不妨设 $Q(t)=Q/A$。这样，式（4-2）就变为

$$\Delta\tau_{rs}^{k}=\begin{cases}Q/L_{k}\cdot A_{k}，e_{rs}\in E_{k}\\0，其他\end{cases} \tag{4-3}$$

定义蚂蚁在节点 $r$ 向节点 $s$ 转移的概率 $p_{rs}^{k}$ 为

$$p_{rs}^{k} = \begin{cases} \dfrac{\tau_{rs}^{\alpha}\eta_{rs}^{\beta}}{\sum\limits_{q \in A_k} \tau_{rq}^{\alpha}\eta_{rq}^{\beta}}, & s \in A_k \\ 0, & \text{其他} \end{cases} \qquad (4\text{-}4)$$

其中，$A_k = \{1, 2, \cdots, n\} - tabu_k$ 表示蚂蚁 $k$ 当前能选择的节点集合，$tabu_k$ 为禁忌表，记录蚂蚁 $k$ 已路过的节点。$\eta_{rs} = 1/d(r, s)$ 为边 $e_{rs}$ 的能见度。$\alpha$，$\beta$ 体现了信息素和能见度对蚂蚁决策的重要性。

## 4.3.2　高维超图模型

### 1. 关联规则

高维超图模型通过关联规则（association rules）实现聚类，因此有必要首先对关联规则作出简单介绍。关联规则是数据挖掘领域的一个重要组成部分，由 Agrawal 等首先提出，其目的在于找出海量数据中记录间的相关关系。

设 $I = \{I_1, I_2, \cdots, I_m\}$ 是由 $m$ 个不同的项目组成的集合，给定一个事务数据库 $D$，其中的每一个事务 $T$ 是 $I$ 中一组项目的集合，即 $T \subseteq I$，$T$ 有唯一的标识符 TID。一条关联规则就是一个形如 $A \Rightarrow B$ 的一个蕴含式，其中，$A \subseteq I$，$B \subseteq I$，$A \bigcap B = \varnothing$。关联规则 $A \Rightarrow B$ 成立的条件是：

① $A \Rightarrow B$ 具有支持度 $S$，即事务数据库 $D$ 中至少有 $S$ 的事务包含 $A \bigcup B$；

② $A \Rightarrow B$ 具有置信度 $C$，即在事务数据库 $D$ 所包含 $A$ 的事务中，至少有 $C$ 的事务同时也包含 $B$。

$$support(A \Rightarrow B) = P(A \bigcup B)$$

$$confidence(A \Rightarrow B) = P(B \mid A) = \frac{support\_count(A \bigcup B)}{support\_count(A)} \qquad (4\text{-}5)$$

$support\_count(A \bigcup B)$、$support\_count(A)$ 分别表示包含项集 $A \bigcup B$ 和 $A$ 的事务数。关联规则的挖掘的主要任务就是在事务数据库 $D$ 中找出具有用户给定的最小支持度 $S_{\min}$ 和最小置信度 $C_{\min}$ 的关联规则，即找出频繁关联规则。

### 2. 高维超图模型

对高维超图模型的定义如下：假定数据集 $D$ 是一张包含 $l$ 个属性 $A_1$，$A_2$，$\cdots$，$A_l$ 的关系表，共有 $n$ 条记录（为了叙述方便，下文将不区分"记录"和"点"），将这 $n$ 条记录映射为高维空间中的 $n$ 个点，对其建立超图模型 $H = (V, E)$。其中，$V = \{v_1, v_2, \cdots, v_n\}$ 是超图的顶点的集合，$E = \{e_1, e_2, \cdots, e_m\}$ 是超边的组合。超图是对图的一种扩展，每条超边都可以连接两个或两个以上的顶点，即超边 $e_i =$

$\{v_{i1}, v_{i2}, \cdots, v_{imi}\}$，其中，$v_{i1}, v_{i2}, \cdots, v_{imi} \in V$。记录 $v$ 所包含的所有项的集合记为 $I(v)$，每条超边 $e$ 对应于一组相关的项集，记为 $I(e)$，超边 $e$ 包含的顶点的集合记为 $P(e)$。图 4.1描述了超图的一般结构：

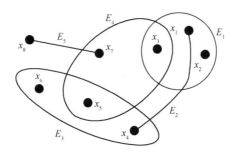

图 4.1　超图模型示意图

定义 4.1：超边的支持数（support count）定义为

$$sc(e) = |\{v \,|\, v \in V, I(e) \subseteq I(v)\}| \qquad (4\text{-}6)$$

若超边 $e$ 的支持数 $sc(e)$ 大于给定的阈值 $minsc$，则称该超边 $e$ 为一个窗口 $w$。窗口实际上是一条频繁的超边。$P(w)$ 表示窗口 $w$ 包含的顶点的集合。

定义 4.2：超边的支持度和置信度：

超边 $E_k$ 的支持度定义为

$$support(E_k) = sc(E_k)/n \qquad (4\text{-}7)$$

设超边 $E_k$ 中发现关联规则 $r$ 为 $X \Rightarrow Y$，其中 $X \subseteq I(E_k)$，$Y \subseteq I(E_k)$，则该关联规则的置信度为

$$conf(r) = sc(X \bigcup Y)/sc(X) \qquad (4\text{-}8)$$

定义 4.3：超边的权重（weight）定义为

$$weight(E_i) = \frac{\sum\limits_{r} conf(r)}{|R(E_i)|} \qquad (4\text{-}9)$$

其中，$r \in R(E_i)$，$R(E_i)$ 是超边上的关联规则，$|R(E_i)|$ 表示超边 $E_i$ 上关联规则的数量，$conf(r)$ 表示规则 $r$ 的置信度。在超图模型中，超边表示了数据点之间的关系，而超边的权重反映了这种关系的强弱。

虽然国内外对将超图模型运用于高维数据空间已经进行了一些探讨和研究[109,110]，但对超图窗口中顶点的确定并没有提出一个有效的方法，算法复杂度相对较高，而窗口中的顶点直接影响到离群检测的效果和离群点的归属问题，时

间复杂度也直接关系到算法效率的高低，且在复杂大系统中，算法的实时性和准确性显得尤为重要。故此，本书提出一种解决高维空间离群点检测的新算法——AHHDOD 算法。

### 4.3.3　AHHDOD 算法

本书将蚁群算法的思想运用到超图模型中，提出一种新的高维离群检测算法[111]——AHHDOD（ant-colony & hypergraph based high dimensional outlier detection）。AHHDOD 算法主要分为以下 3 个阶段进行：

首先，利用蚁群算法的通信机制和正反馈机制改进 Apriori 算法，提取频繁关联规则。

其次，根据频繁关联规则对数据集建立超图模型，并利用超边分割的方法画出最大树：通过超边分割的方法得到窗口中的顶点，确定离群点的归属，回答"离群点是由哪些属性导致的"问题。

最后，进行离群点检测，提出"离群偏差度"的概念，从而找到数据集中的离群点。

#### 1. 基于蚁群算法改进 Apriori 提取频繁关联规则

Apriori 算法是最有影响的一种频繁关联项挖掘算法。它基于这样的事实：频繁项集的所有非空子集也必定是频繁的。现有的关联规则的发现算法主要集中在研究如何快速有效地寻找频繁项目集上，其焦点有二：一是对项目集进行充分地剪支，尽最大可能最小化项目集；二是最少次数地扫描交易数据库，以提高算法的效率。鉴于本书的研究目的是为了发现离群数据点，必须尽量保持数据的完整性，因此倾向于采用后一种频繁项集的发现思想。

蚁群算法是一个启发式搜索算法，具有通信机制和正反馈机制，可以加快算法的搜索速度，使算法能够更快地收敛于频繁项集，大大减少了扫描数据库的次数，也使得算法可以快速地达到人们想要的结果。

该算法流程如下（为了方便描述，假定项集中的各项按字典次序排列）：

步骤 1：初始化各参数。提出 $S_{min}$，$C_{min}$，项集数 $N$，蚂蚁个数 $M$。项集计数器 $count_i = 0(i=1,2,\cdots N)$，在算法的第一次迭代，每个项都是候选 1-项集的集合 $C_1$ 的成员。

步骤 2：首先将蚂蚁随机地放在 $M$ 个结点上。设 $M_{ij}$ 表示第 $i$ 只蚂蚁在第 $j$ 个记录上。让蚂蚁遍历数据集中的所有事务并留下信息素。依据式（4-3）计算蚂蚁过后结点的信息素为：

$$\tau_{ij}^{new} = \rho \times \tau_{ij}^{old} + \Delta\tau_{ij}$$

$$\Delta\tau_{ij} = \begin{cases} Q/A_{ij} \times L_{ij}, & \text{蚂蚁 } i \text{ 从转移到 } j \text{ 点} \\ 0, & \text{其他} \end{cases}$$

步骤 3：后继蚂蚁依据式（4-3）选择是否转移，转移结点 $count_j = count_j + 1$。

步骤 4：由此可得频繁 $k$-项集。凡是满足：$\dfrac{\sum\limits_{i=1}^{m}|M_{ij}|}{|M_{ij}|} \geq \min\_\sup$ 的项，都被称为频繁 $k$-项集。

步骤 5：循环执行步骤 2～步骤 4，由 $k$ 项集求 $k+1$ 项集，直到达到最大项数或频繁项集阈值为止。

步骤 6：计算强关联规则。步骤 5 得到频繁项集后，依据式（4-5）计算由频繁项集构造的强关联规则。

2. 超边分割聚类

超边中的离群点如图 4.2 所示。

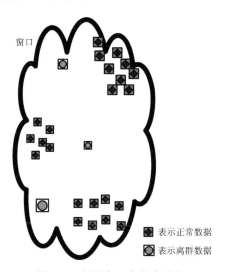

图 4.2　超图窗口中的离群点

步骤 1：在得到频繁项集后，很容易得到这些项所构成的超边，利用式(4-9)计算超边的权重 $weight(E_i)$。

步骤 2：画最大树。以顶点 $X_i(i = 1, 2, \cdots, n)$ 画出赋权图 $G(X,$

$r_{ij}$），其中 $r_{ij}$ 为对应的超边的权重 $weight(E_i)$。在赋权图 $G$ 中取一回路，去掉其中权最小的边，依此类推，直至赋权图 $G$ 中没有回路时剩下的各边就构成了最大树。

步骤 3：灵敏度分析。给定一个阈值 $\lambda$，分别比较 $\lambda$ 与最大树各边的权 $r_{ij}$ 之间的大小。当 $r_{ij} < \lambda$ 时，$r_{ij}$ 对应的边就应该被截断，这样剩余的且还互相联通的聚类对象就构成了一类，从而得到关于高维数据 $X = \{X_1, X_2, \cdots, X_n\}$ 的 $t$ 个聚类（簇）。

3. 离群检测

定义 4：分布均值（means of distribution）：设窗口 $w_i$ 共有 $t_i$ 个簇（聚类），其分布均值为

$$MD_i = \frac{P(w_i)}{t_i} \tag{4-10}$$

窗口 $w_i$ 的分布均值表示：若窗口中的点平均分布在 $t_i$ 个簇中，每个簇的顶点个数。

定义 5：离群偏差度（degree of deviation）：设窗口 $w$ 中的点处于 $t$ 个簇 $C_1$，$C_2$，$\cdots$，$C_t$ 中，窗口 $w$ 中的点 $v$ 所属的簇记为 $Cv$，即 $v \in P(Cv)$。则点 $v$ 相对于窗口 $w$ 的离群偏差度定义为

$$DD_w(v) = \frac{\mid P(w) \bigcap P(Cv) \bigcap P(e) \mid - MD}{\left[ \sum_{i=1}^{i} (\mid P(w) \bigcap P(C_i) \bigcap P(e) \mid - MD)^k \right]^{1/k}} \tag{4-11}$$

其中，$k \geqslant 2$，可根据计算要求自行确定。

定义 6：离群点（outlier）：给定窗口 $w$ 以及其中的顶点 $v \in P(w)$，已知 $v$ 的离群偏差度阈值为 $DD_w^*(v)$，若 $DD_w(v) > DD_w^*(v)$，则称该顶点 $v$ 为离群点。

4. 算法复杂度分析

提出的 AHHDOD 算法具有良好的时间效率。现分别对这三个阶段的算法复杂度进行分析：

已有成熟的研究表明，传统的 Apriori 算法有两个致命的性能瓶颈：一是多次扫描事务数据库，需要很大的 $I/O$ 负载；二是可能产生庞大的候选项目集。由 $L_{k-1}$ 产生 $k$-候选项目集 $C_k$ 是指数增长的，其时间复杂度为 $o(kN^4)$，如此大的候选项目集对时间和存储空间都是一种挑战。而采用蚁群算法对传统 Apriori 算法进行改进后，由于每只蚂蚁在一次循环中搜寻到的目标为 $k$ 个簇的中心点，

对于 $M$ 只蚂蚁，共有 $M$ 次循环计算，则该算法的时间复杂度为 $o(kMN^2)$，相较于传统 Apriori 算法，在时间复杂度上基于蚁群算法改进的 Apriori 算法显然具有更大的优势。

在超边分割聚类的过程中，需要遍历每个顶点一次，然后将各个超边的权重 $weight(Ei)$ 与阈值 $\lambda$ 比较，这个过程的时间复杂度为 $O(N)$，其中，$N$ 为顶点个数。

最后对窗口中的每个簇计算其离群偏差度，此时的复杂度为 $O(\max\{|P(w)|\})$。

显然，以上的这些步骤对每个窗口和簇都要进行一次，因此，AHHDOT 算法总的时间复杂度为：$O(kMN^2+N+\max\{|P(w)|\})=O(MN^2)$。由此可以得出以下结论：AHHDOD 算法的时间复杂度主要取决于频繁规则挖掘的复杂度，因此，将蚁群算法用于改进超图模型对高维空间离群数据进行检测是必要且可行的。

图 4.3 描绘出 AHHDOD 算法收敛性的仿真模拟，并与其他算法比较。由图 4.3 可以看出，相较于其他高维离群检测算法，AHHDOD 算法能很好地收敛于最优解，且反应时间更短，优势十分明显。

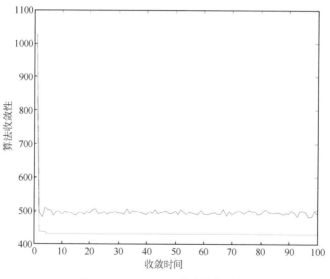

图 4.3　AHHDOD 算法的收敛性

## 4.4 石油价格波动对经济影响的离群检测

关于油价波动对宏观经济影响的已有研究中，大多针对的是以美国、英国为代表的工业化国家，对发展中国家的研究甚少。但是，由于世界产业结构的调整，制造业这个高耗油行业已经逐渐转移到了发展中国家，研究石油价格波动对单位 GDP 能耗较高、原油进口依存度较大的发展中国家经济的影响意义更大。具体来说，国际油价上涨对宏观经济产生的负面效应主要包括：加大通货膨胀压力、抑制经济增长势头、加剧金融市场动荡以及恶化就业市场状况[112]。鉴于此，本章将从国内生产总值、通货膨胀率、进出口差额、失业率这四个方面研究石油价格与宏观经济联动波动的特征，并从中找出离群点。

### 4.4.1 石油价格波动对中国经济的离群影响

离群点大多是由于系统受到外部干扰而造成的，在一个复杂的高维系统中，离群点的形成因素更是多种多样。在石油价格与经济指标所形成的高维空间内，任何一个指标属性值的波动都会造成该条记录在高维空间中的异常分布，从而表现出"离群"的特点。

1. 数据来源及描述

由于本章涉及我国的宏观经济数据及其国际比较，综合数据的可获得性及经济数据的特征等多方面因素的考量，选用 1990～2013 年石油价格及宏观经济指标的季度数据进行分析。表 4.2 列举了我国石油期货价格与宏观经济实证研究时的具体数据信息。

表 4.2 实证研究数据列表（中国）

| 项目 | 样本区间 | 样本容量 |
| --- | --- | --- |
| WTI 原油期货价格 | 1990q1～2013q3 | 91 |
| GDP | 1992q1～2013q3 | 83 |
| CPI | 1990q1～2013q3 | 91 |
| 进出口差额 | 1992q1～2013q3 | 83 |
| 失业率 | 2003q1～2013q1 | 37 |

注：由于各个经济指标统计的起始时间的差异，其数据量不完全一致

该研究领域的数据集及研究过程具有如下特征：

（1）数据量大且会不断更新。油价、经济数据不仅是高维数据，而且是海量数据，石油期货交易每天都在发生，而经济数据也会定期更新并发布，这一特征对离群检测算法的复杂度提出了较高的要求。

（2）样本数据量无法统一。一般情况下，着重考虑宏观经济的四大领域：国内生产总值、消费水平、国际贸易、就业情况。由于种种原因，这些指标无论从统计方法、统计频率还是统计的时间跨度上来看，都无法做到完全的统一，因此在离群分析时将有可能面临由于部分数据缺省所导致的"伪离群"记录的产生。鉴于此，在开展离群检测前，需要首先对缺失数据采用科学手段进行补全，这也是数据预处理过程中的一个关键步骤。由于文中的研究数据中包含 5 个维度的信息，这一高维特征在一定程度上也缓解和弥补"伪离群"数据记录出现的可能。

（3）数据分析无实时性要求。与网络入侵检测及其他一些在线实时监控分析等应用不同，作为石油价格波动对经济影响的预警知识库系统的一个部分，本章进行离群检测的主要目的是为未来提供决策依据，属于事后分析型数据挖掘过程，因而对数据集合没有实时性的要求。尽管如此，离群检测同样要求完整准确地寻找离群记录。

（4）属于无监督学习方法，结果需要领域专家的确认。由于石油价格变幻莫测，目前国际国内都还没有专门的用于油价-经济离群研究的数据集，因此也没有相关的成熟案例可以借鉴。由于离群检测机制是复杂而不确定的，离群算法检测出的"离群点"是否真正对应实际的离群事件，无法准确说明和解释，这就需要领域专家的参与和确认。

2. 实证结果及结论

借助 AHHDOD 算法，可以对石油价格（oil price）、国内生产总值（GDP）、消费者价格指数（CPI）、进出口差额（export-import），以及失业率（unemployment rate）这五项指标进行离群分析。离群检测结果如表 4.3 所示。通过对表 4.3 列出的各个指标的离群状态分析，可以得出以下结论：

（1）从整体上来看，油价波动对我国宏观经济的影响非常明显。在整个研究事件期中，油价共出现过 49 次异常波动，而在这 49 次异常波动期间，我国宏观经济某一项或某几项指标同时出现离群现象的事件期共有 38 次之多，联动率达到 78%。由此可见，我国经济对石油价格是十分敏感的。

（2）从单个指标上来看，对油价波动最为敏感的指标排名依次是：进出口差额、GDP、消费者价格指数、失业率。石油价格异常波动对我国的就业情况造成的影响并不明显，在整个事件期内，我国的失业率并未表现出明显的离群特征。然而，石油价格波动却对我国的进出口领域带来了巨大的冲击。据统计，在1990q1～2009q3 阶段，进出口领域共出现过 30 个离群点，而所有这些离群点的出现无一例外地伴随着石油价格的异常波动，油价-进出口差额的联动率达到 100%。

（3）从时间上来看，我国经济受石油价格波动影响最为明显的时间段集中在 2002 年第二季度至 2009 年第三季度，而这段时间也恰好是国际油价异常飙升的时期，其中，离群点出现最为集中的时期是 2007q3～2008q3，在此期间，绝大部分经济指标均表现出离群的特点。也正是在这段期间，国家出台了一系列经济刺激政策，从政策出台的时间上来看，应当说是及时的。

表 4.3　石油价格波动对经济的离群影响（中国）

| Date | OP | GDP | CPI | E-I | UR | Date | OP | GDP | CPI | E-I | UR |
|---|---|---|---|---|---|---|---|---|---|---|---|
| 1990q1 | | | 1 | | | 2000q1 | 1 | | | | |
| 1990q2 | | | | | | 2000q2 | 1 | | | | |
| 1990q3 | 1 | | | | | 2000q3 | 1 | | | | |
| 1990q4 | 1 | | | | | *2000q4* | 1 | | 1 | | |
| 1991q1 | | | | | | 2001q1 | 1 | | | | |
| 1991q2 | | | | | | 2001q2 | 1 | | | | |
| 1991q3 | | | 1 | | | *2001q3* | 1 | | 1 | | |
| 1991q4 | | | 1 | | | 2001q4 | | | 1 | | |
| 1992q1 | | | 1 | | | 2002q1 | | | | | |
| 1992q2 | | | 1 | | | *2002q2* | 1 | | | 1 | |
| 1992q3 | | | 1 | | | *2002q3* | 1 | | | | |
| 1992q4 | | | 1 | | | *2002q4* | 1 | | | 1 | |
| 1993q1 | | | 1 | | | *2003q1* | 1 | | | 1 | |
| 1993q2 | | | 1 | | | *2003q2* | 1 | | | | |
| 1993q3 | | | 1 | | | *2003q3* | 1 | | | 1 | |
| *1993q4* | 1 | | 1 | | | *2003q4* | 1 | 1 | | 1 | |

| Date | OP | GDP | CPI | E-I | UR | Date | OP | GDP | CPI | E-I | UR |
|------|----|----|----|----|----|------|----|----|----|----|----|
| *1994q1* | 1 | | 1 | | | *2004q1* | 1 | | | 1 | |
| 1994q2 | | | 1 | | | *2004q2* | 1 | | 1 | | |
| 1994q3 | | | 1 | | | *2004q3* | 1 | 1 | 1 | 1 | |
| 1994q4 | | | 1 | | | *2004q4* | 1 | | | 1 | |
| 1995q1 | | | 1 | | | *2005q1* | 1 | | | 1 | |
| 1995q2 | | | 1 | | | *2005q2* | 1 | | 1 | 1 | |
| 1995q3 | | | 1 | | | *2005q3* | 1 | | 1 | 1 | |
| 1995q4 | | | 1 | | | *2005q4* | 1 | | 1 | 1 | |
| 1996q1 | | | 1 | | | *2006q1* | 1 | | | 1 | |
| 1996q2 | | | 1 | | | *2006q2* | 1 | | | 1 | |
| 1996q3 | | | 1 | | | *2006q3* | 1 | | | 1 | |
| *1996q4* | 1 | | 1 | | | *2006q4* | 1 | | | 1 | |
| *1997q1* | 1 | | 1 | | | *2007q1* | 1 | | | 1 | |
| 1997q2 | | | | | | *2007q2* | 1 | | 1 | 1 | |
| 1997q3 | | | | | | *2007q3* | 1 | | 1 | 1 | |
| 1997q4 | | 1 | | | | *2007q4* | 1 | 1 | 1 | 1 | |
| 1998q1 | 1 | | | | | *2008q1* | 1 | | 1 | 1 | |
| 1998q2 | 1 | | | | | *2008q2* | 1 | 1 | 1 | 1 | |
| 1998q3 | 1 | | | | | *2008q3* | 1 | | 1 | 1 | |
| *1998q4* | 1 | 1 | | | | *2008q4* | 1 | 1 | | 1 | |
| 1999q1 | 1 | | | | | *2009q1* | 1 | | | 1 | |
| 1999q2 | | | 1 | | | *2009q2* | 1 | 1 | | 1 | |
| 1999q3 | | | | | | *2009q3* | | 1 | | 1 | |
| *1999q4* | 1 | 1 | | | | Total | | 24 | 11 | 30 | 0 |

注：由于篇幅限制，文中所提经济指标均采用英文缩写，即石油价格（OP），国内生产总值（GDP），消费者价格指数（CPI），进出口差额（E-I），失业率（UR），下同；斜体加粗表示油价、经济同时出现离群点的事件期，下同；Total 表示经济与油价波动联动的离群点个数，下同

## 4.4.2 石油价格波动对主要石油消费国经济的离群影响

相较于经历过多次石油危机的国家来说，我国在处理石油价格波动对经济的影响方面的经验和方法均不成熟。一方面需要借鉴发达国家在前几次石

油危机中总结出的经验和教训，另一方面又需要关注发展中国家油价与经济的关联程度，因此，将油价波动对经济的离群影响进行国际比较是有意义的。

下文将选取比较具有代表性的三个国家——美国、日本、印度，对其开展离群研究。之所以选取以上三个国家与中国进行比较，主要出于以下几方面的考量：

首先，他们均为石油消费大国，据《BP 世界能源统计（2014）》的统计数据显示，连同中国在内，上述四个国家 2013 年的石油消费总量占全世界能源消费总量的 41.2%。

其次，美国是世界石油消费量第一的国家，但与同为世界发达国家的日本相比，其石油储量相对丰富。

再次，日本是一个石油资源较为匮乏的国家，其石油消费 99% 以上需要依靠进口，因此，油价出现异常波动对日本经济的影响可能很大。

最后，和中国相类似，印度是一个新兴的发展中国家，经济的高速发展导致其对能源，特别是石油资源的需求量剧增，因此，油价与经济的关联关系也成为印度发展需要重点关注的内容。

1. 数据来源及描述

由于不同国家对经济指标的统计方法和统计时间的差异，各个国家研究数据的样本区间和容量均有所不同。这其中需要特别说明的是，由于无法获得印度关于国内失业率的官方统计数据，因此印度的失业率数据暂且不在本书的研究范围之内。表 4.4 列出各个国家石油期货价格与宏观经济实证研究的具体数据信息。

表 4.4　实证研究数据列表（美国、日本、印度）

| 项目 | 美国 | | 日本 | | 印度 | |
|---|---|---|---|---|---|---|
| | 样本区间 | 样本容量 | 样本区间 | 样本容量 | 样本区间 | 样本容量 |
| WTI 原油期货价格 | 1990q1～2009q3 | 79 | 1990q1～2009q3 | 79 | 1990q1～2009q3 | 79 |
| GDP | 1990q1～2009q3 | 79 | 1990q1～2009q2 | 78 | 1996q2～2009q3 | 54 |
| CPI | 1990q1～2009q4 | 76 | 1990q1～2009q4 | 76 | 1990q1～2009q4 | 76 |
| 进出口差额 | 1990q1～2009q3 | 79 | 1990q1～2009q3 | 79 | 1990q1～2009q3 | 79 |
| 失业率 | 1990q1～2009q3 | 79 | 1990q1～2009q3 | 79 | — | — |

注：由于印度失业率数据不可得，故此本书中将暂不考虑印度的失业率数据的离群情况

2. 实证结果及结论

对美国、中国、日本、印度等 4 国的油价-经济数据开展离群检测，检测结果见表 4.5～表 4.7。四国的各项经济指标的离群情况汇总如图 4.4 所示。

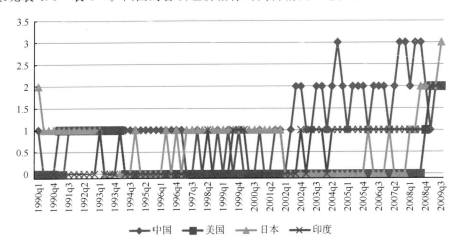

图 4.4　中国、美国、日本、印度经济离群情况汇总

**表 4.5　石油价格波动对经济的离群影响（美国）**

| Date | OP | GDP | CPI | E-I | UR | Date | OP | GDP | CPI | E-I | UR |
|------|-----|-----|-----|-----|-----|------|-----|-----|-----|-----|-----|
| 1990q1 |  |  |  |  |  | 2000q1 | 1 |  |  |  |  |
| 1990q2 |  |  |  |  |  | 2000q2 | 1 |  |  |  |  |
| 1990q3 | 1 |  |  |  |  | 2000q3 | 1 |  |  |  |  |
| 1990q4 | 1 |  |  |  |  | 2000q4 | 1 |  |  |  |  |
| 1991q1 |  |  |  |  | 1 | 2001q1 | 1 |  |  |  |  |
| 1991q2 |  |  |  |  | 1 | 2001q2 | 1 |  |  |  |  |
| 1991q3 |  |  |  |  | 1 | 2001q3 | 1 |  |  |  |  |
| 1991q4 |  |  |  |  | 1 | 2001q4 |  |  |  |  |  |
| 1992q1 |  |  |  |  | 1 | 2002q1 |  |  |  |  |  |
| 1992q2 |  |  |  |  | 1 | 2002q2 |  |  |  |  |  |
| 1992q3 |  |  |  |  | 1 | 2002q3 |  |  |  |  |  |
| 1992q4 |  |  |  |  | 1 | 2002q4 |  |  |  |  |  |
| 1993q1 |  |  |  |  | 1 | 2003q1 | 1 |  |  |  |  |
| 1993q2 |  |  |  |  | 1 | 2003q2 | 1 |  |  |  |  |

续表

| Date | OP | GDP | CPI | E-I | UR | Date | OP | GDP | CPI | E-I | UR |
|------|----|-----|-----|-----|-----|------|----|-----|-----|-----|-----|
| 1993q3 |  |  |  |  | 1 | 2003q3 | 1 |  |  |  |  |
| *1993q4* | 1 |  |  |  | 1 | 2003q4 | 1 |  |  |  |  |
| *1994q1* | 1 |  |  |  | 1 | 2004q1 | 1 |  |  |  |  |
| 1994q2 |  |  |  |  |  | 2004q2 | 1 |  |  |  |  |
| 1994q3 |  |  |  |  |  | 2004q3 | 1 |  |  |  |  |
| 1994q4 |  |  |  |  |  | 2004q4 | 1 |  |  |  |  |
| 1995q1 |  |  |  |  |  | 2005q1 | 1 |  |  |  |  |
| 1995q2 |  |  |  |  |  | 2005q2 | 1 |  |  |  |  |
| 1995q3 |  |  |  |  |  | 2005q3 | 1 |  |  |  |  |
| 1995q4 |  |  |  |  |  | 2005q4 | 1 |  |  |  |  |
| 1996q1 |  |  |  |  |  | 2006q1 | 1 |  |  |  |  |
| 1996q2 |  |  |  |  |  | 2006q2 | 1 |  |  |  |  |
| 1996q3 |  |  |  |  |  | 2006q3 | 1 |  |  |  |  |
| 1996q4 | 1 |  |  |  |  | 2006q4 | 1 |  |  |  |  |
| 1997q1 | 1 |  |  |  |  | 2007q1 | 1 |  |  |  |  |
| 1997q2 |  |  |  |  |  | 2007q2 | 1 |  |  |  |  |
| 1997q3 |  |  |  |  |  | 2007q3 | 1 |  |  |  |  |
| 1997q4 |  |  |  |  |  | 2007q4 | 1 |  |  |  |  |
| 1998q1 | 1 |  |  |  |  | 2008q1 | 1 |  |  |  |  |
| 1998q2 | 1 |  |  |  |  | 2008q2 | 1 |  |  |  |  |
| 1998q3 | 1 |  |  |  |  | 2008q3 | 1 |  |  |  |  |
| 1998q4 | 1 |  |  |  |  | *2008q4* | 1 |  |  |  | 1 |
| 1999q1 | 1 |  |  |  |  | *2009q1* | 1 | 1 |  |  | 1 |
| 1999q2 |  |  |  |  |  | *2009q2* | 1 | 1 |  |  | 1 |
| 1999q3 |  |  |  |  |  | *2009q3* | 1 | 1 |  |  | 1 |
| 1999q4 | 1 |  |  |  |  | Total |  | 3 | 0 | 0 | 6 |

表 4.6　石油价格波动对经济的离群影响（日本）

| Date | OP | GDP | CPI | E-I | UR | Date | OP | GDP | CPI | E-I | UR |
|---|---|---|---|---|---|---|---|---|---|---|---|
| 1990q1 | | 1 | 1 | | | *2000q1* | 1 | | 1 | | |
| 1990q2 | | | 1 | | | *2000q2* | 1 | | 1 | | |
| *1990q3* | 1 | | 1 | | | *2000q3* | 1 | | 1 | | |
| *1990q4* | 1 | | 1 | | | *2000q4* | 1 | | 1 | | |
| 1991q1 | | | 1 | | | *2001q1* | 1 | | 1 | | |
| 1991q2 | | | 1 | | | *2001q2* | 1 | | 1 | | |
| 1991q3 | | | 1 | | | *2001q3* | 1 | | 1 | | |
| 1991q4 | | | 1 | | | 2001q4 | | | 1 | | |
| 1992q1 | | | 1 | | | 2002q1 | | | | | |
| 1992q2 | | | 1 | | | 2002q2 | 1 | | | | |
| 1992q3 | | | 1 | | | 2002q3 | 1 | | | | |
| 1992q4 | | | 1 | | | 2002q4 | 1 | | | | |
| 1993q1 | | | 1 | | | 2003q1 | 1 | | | | |
| 1993q2 | | | | | | 2003q2 | 1 | | | | |
| 1993q3 | | | | | | 2003q3 | 1 | | | | |
| 1993q4 | 1 | | | | | 2003q4 | 1 | | | | |
| 1994q1 | 1 | | | | | 2004q1 | 1 | | | | |
| 1994q2 | | | | | | 2004q2 | 1 | | | | |
| 1994q3 | | | | | | 2004q3 | 1 | | | | |
| 1994q4 | | | 1 | | | 2004q4 | 1 | | | | |
| 1995q1 | | | | | | 2005q1 | 1 | | | | |
| 1995q2 | | | | | | 2005q2 | 1 | | | | |
| 1995q3 | | | | | | 2005q3 | 1 | | | | |
| 1995q4 | | | | | | 2005q4 | | | | | |
| 1996q1 | | | | | | *2006q1* | 1 | | 1 | | |
| 1996q2 | | | 1 | | | 2006q2 | 1 | | | | |
| 1996q3 | | | | | | 2006q3 | 1 | | | | |
| *1996q4* | 1 | | 1 | | | 2006q4 | 1 | | | | |
| 1997q1 | 1 | | | | | *2007q1* | 1 | | 1 | | |
| 1997q2 | | | 1 | | | 2007q2 | 1 | | | | |

续表

| Date | OP | GDP | CPI | E-I | UR | Date | OP | GDP | CPI | E-I | UR |
|------|----|-----|-----|-----|----|------|----|-----|-----|-----|----|
| 1997q3 | | | 1 | | | 2007q3 | 1 | | | | |
| 1997q4 | | | 1 | | | 2007q4 | 1 | | | | |
| 1998q1 | 1 | | 1 | | | 2008q1 | 1 | 1 | | | |
| 1998q2 | 1 | | 1 | | | 2008q2 | 1 | | 1 | | |
| 1998q3 | 1 | | 1 | | | 2008q3 | 1 | | 1 | 1 | |
| 1998q4 | 1 | | 1 | | | 2008q4 | 1 | | 1 | | |
| 1999q1 | 1 | | 1 | | | 2009q1 | 1 | | 1 | 1 | |
| 1999q2 | | | 1 | | | 2009q2 | | | 1 | 1 | |
| 1999q3 | | | 1 | | | 2009q3 | 1 | 1 | 1 | 1 | |
| 1999q4 | 1 | | 1 | | | Total | | 2 | 24 | 5 | 0 |

表 4.7 石油价格波动对经济的离群影响 （印度）

| Date | OP | GDP | CPI | E-I | Date | OP | GDP | CPI | E-I |
|------|----|-----|-----|-----|------|----|-----|-----|-----|
| 1990q1 | | | | | 2000q1 | 1 | | | 1 |
| 1990q2 | | | | | 2000q2 | 1 | | | |
| 1990q3 | 1 | | | | 2000q3 | 1 | | | |
| 1990q4 | 1 | | | | 2000q4 | 1 | | | |
| 1991q1 | | | | | 2001q1 | 1 | | | |
| 1991q2 | | | | | 2001q2 | 1 | | | |
| 1991q3 | | | | | 2001q3 | 1 | | | |
| 1991q4 | | | | | 2001q4 | | | | |
| 1992q1 | | | | | 2002q1 | | | | |
| 1992q2 | | | | | 2002q2 | 1 | | | |
| 1992q3 | | | | | 2002q3 | 1 | | | |
| 1992q4 | | | | | 2002q4 | 1 | | | 1 |
| 1993q1 | | | | 1 | 2003q1 | 1 | | | |
| 1993q2 | | | | | 2003q2 | 1 | | | 1 |
| 1993q3 | | | | | 2003q3 | 1 | | | 1 |
| 1993q4 | 1 | | | | 2003q4 | 1 | | | 1 |
| 1994q1 | 1 | | | 1 | 2004q1 | 1 | | | |

| Date | OP | GDP | CPI | E-I | Date | OP | GDP | CPI | E-I |
|---|---|---|---|---|---|---|---|---|---|
| 1994q2 | | | | | 2004q2 | 1 | | | 1 |
| 1994q3 | | | | | 2004q3 | 1 | | | 1 |
| 1994q4 | | | | | 2004q4 | 1 | | | 1 |
| 1995q1 | | | | | 2005q1 | 1 | | | 1 |
| 1995q2 | | | | | 2005q2 | 1 | | | 1 |
| 1995q3 | | | | | 2005q3 | 1 | | | 1 |
| 1995q4 | | | | | 2005q4 | 1 | | | 1 |
| 1996q1 | | | | | 2006q1 | 1 | | | 1 |
| 1996q2 | | | | | 2006q2 | 1 | | | 1 |
| 1996q3 | | | | | 2006q3 | 1 | | | 1 |
| 1996q4 | 1 | | | | 2006q4 | 1 | | | 1 |
| 1997q1 | 1 | | | | 2007q1 | 1 | | | 1 |
| 1997q2 | | | | | 2007q2 | | | | 1 |
| 1997q3 | | | | | 2007q3 | 1 | | | 1 |
| 1997q4 | | | | | 2007q4 | 1 | | | 1 |
| 1998q1 | 1 | | | | 2008q1 | 1 | | | 1 |
| 1998q2 | 1 | | | 1 | 2008q2 | 1 | | | 1 |
| 1998q3 | 1 | | | | 2008q3 | 1 | | | 1 |
| 1998q4 | 1 | | | | 2008q4 | 1 | | | 1 |
| 1999q1 | 1 | | | | 2009q1 | 1 | | 1 | 1 |
| 1999q2 | | | | | 2009q2 | 1 | | 1 | 1 |
| 1999q3 | | | | 1 | 2009q3 | 1 | | 1 | 1 |
| 1999q4 | 1 | | | 1 | Total | | 0 | 3 | 30 |

通过对中国、美国、日本、印度4国经济的离群检测结果的分析，可以得出以下结论：

首先，中国是受油价波动影响最为明显的国家。在所有事件期中，中国经济受油价波动而产生离群的事件期达到38个，GDP、CPI、进出口差额这三大领域均有涉及，其中又以进出口领域受影响最大。这一数据大大超过其他国家，另外三国进出口领域的离群事件期分别为：美国（6）、日本（25）、印度（30）。中国经济受到石油价格影响最为明显的时间是2002～2009年，在此期间，中国的经济的离群特征远比其他国家明显，各项经济指标无论从深度（离群点个数）还是广度（离群涉及的经济领域），都表现出了明显的异常。

其次，印度经济离群点个数仅次于中国，并且，和中国相似的是，印度经济受影响最大的是也是其进出口领域。这一结果可能与中印两国近年来的相似的发展轨迹有关。印度与中国毗邻，是目前全球经济增长最快的国家之一。从 20 世纪 90 年代起，印度通过一系列经济改革，取得了举世瞩目的成就，其经济近年来年均增长 8% 以上。伴随着高增长同时出现的是高耗能。印度的能源消耗年均增长 2.76%，日均石油消费量为 318.3 万桶[①]，是亚洲地区仅次于中国和日本的第三大石油消费国。据预测，印度对于进口原油的依赖程度在 2014 年将达到 85% 左右[②]。石油进口量的不断递增加剧了印度经济对石油价格波动的敏感程度。尽管受影响的程度不及中国，但印度的经济在 2002～2009 年的这次石油价格暴涨过程中也出现了明显的异常，而且，随着石油进口量的不断增加，印度经济对石油价格波动的敏感性将会越来越大。

再次，日本经济受油价波动的影响要小于中国和印度，但却有着其独有的特点。其特殊之处表现在：在中国、印度的经济受到重创的 2002～2009 年，日本经济却没有出现预期的大量离群点，直到 2008 年才逐步出现了剧烈的离群波动，且离群点呈现出直线上涨的趋势。一方面，日本这样一个供需差如此巨大的国家，能够抵御数次石油价格危机的冲击而仍能处在世界经济发展的前列，在规避石油价格风险方面必定有着其独到之处，值得我国借鉴。但另一方面，在面对石油价格波动时，日本经济暴露出了其弹性差的缺陷：一旦出现离群的剧烈波动，日本经济容易在短期内到达危险的程度。和中国、印度在金融危机期间经济表现出的零星离群特征不同的是，日本的离群点在 1997～2001 年持续出现，这也从侧面证实了日本经济在亚洲金融危机时受到了重创。

最后，在整个事件期内，美国经济是表现最为稳定的国家，且和日本相似，美国较为严重的离群过程也发生 2008 年以后。这与美国良好的国际国内环境以及它自身特有的优势是分不开的：首先，美元是石油期货和现货交易的主要货币形式，因此，通过改变美元的汇率，美国可以很方便地规避石油价格波动对其经济带来的风险；其次，美国建有完善的石油战略储备体系。美国是目前世界上最

---

① 数据来源：BP Statistical Review of World Energy（2010）。

② 数据来源：世界石油网，http://www.worldoilweb.com/Webviews/newscontent.aspx? infoflag＝6&id＝787886&typename。

大的石油储备国，其石油储量占经合组织国家政府战略石油储备总量的 60%，这大大增加了它在面对石油价格异常波动情况时的灵活性；最后，在地缘政治领域，美国具有绝对的话语权。通过政治、军事力量改变国际石油供需格局，从而使得油价朝着保障本国经济安全的方向发展。作为第一大石油进口国和第一大石油消费国，美国经济虽然较易受到油价波动的连带影响，但凭借着在国际金融、政治、军事领域中的强大力量，其经济受油价异常波动影响的程度不甚明显。

# 4.5 小　　结

本章采用一种新的高维离群检测算法——AHHDOD 算法，将油价波动对经济的影响以经济数据的"离群"特征来描述，并以离群点的多少来表示经济对石油价格波动的敏感程度。解释了本章开始提出的油价波动对经济是否存在离群影响、石油价格波动对经济的离群特征是由哪些属性造成的、哪些经济领域受油价波动的影响较为敏感等问题。并通过国际比较，发现不同国家经济与石油价格波动之间的联动关系。

至此，发现油价与经济的联动波动的离群特征，确定知识库构造时需要特别关注的典型案例，是构造知识库系统前期工作的一部分，而知识库中案例的描述还包括"油价波动对经济影响的定量分析"，这是下一章将要研究的内容。

# 第5章 石油价格波动对经济的显著性
# 影响及其比较研究

本书已对石油价格波动的特征及石油价格波动对经济的离群影响进行了分析，讨论了经济对石油价格波动的敏感程度，为知识库的构建提供了周期选择的依据，并指出需要特别关注的典型案例，是对油价-经济关联的定性分析和形象描述。众所周知，石油价格显性影响了国家的政治稳定程度和经济发展状况，知识库中案例描述的另一要件就是说明"石油价格波动在多大程度上对经济产生了影响"，即石油价格波动对经济影响的定量描述。

本章借助事件分析法，分别选取引发石油价格上涨和下跌的典型事件，研究在此事件期内经济的波动情况，以异常收益（abnormal return，AR）和累积异常收益（cumulated abnormal return，CAR）来衡量石油价格波动对经济影响的显著性。研究同时选取了6大石油消费国（及组织）——中国、美国、日本、印度、俄罗斯及欧盟27国的5组常用经济指标——国内生产总值（GDP）、消费者价格指数（CPI）、进口商品总额（total imports）、出口商品总额（total exports）、失业率（unemployment rate），通过横向对比，找出在石油价格上涨和下跌时，与中国经济的波动趋势最为接近的国家。

## 5.1 引　　言

由于社会、经济环境各异，不同时期石油价格的变化对不同国家经济产生的影响各不相同，甚至对同一个国家，石油价格相似的变化幅度和持续时间也可能对经济产生差别较大的影响。例如，当经济平稳发展，市场信心较高时，经济对石油价格波动具有一定的消化能力，石油价格的波动对经济不会造成太大的影响；而当市场上充斥着大量的投机资本时，炒家可能通过放大波动的幅度而造成经济的剧烈震荡。因此，当石油价格发生突变时，通过借助事件分析的方法，可以判断经济对当前石油价格的敏感程度。

图5.1清晰地描绘出1861～2013年的石油价格波动情况。可以看出，自20世纪70年代以来（书中重点考虑1970年以来的石油价格波动情况），全球共经

历了石油价格的 3 次暴涨和 2 次暴跌[113,114]。

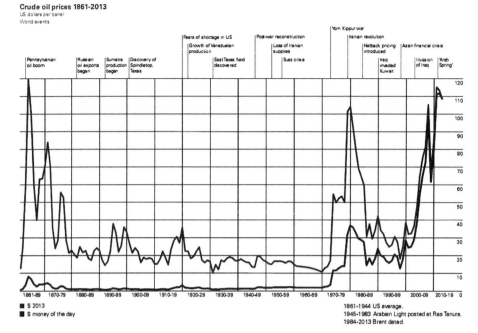

图 5.1　国际原油价格及其变动情况

资料来源：BP Statistical Review of World Energy，2014

　　进入 21 世纪以来，国际油价进入了高速发展时期，特别是 2002 年以后，国际油价大约以平均 10 美元/年·桶的速度直线上升[115]。高油价对国际社会产生了巨大的影响，出现了全球范围内的能源恐慌。伴随着美国次贷危机的愈演愈烈，世界主要国家经济普遍放缓甚至陷入衰退，国际油价也直线下降，到 2008 年 12 月 19 日，国际油价跌破 40 美元/桶的心理防线，短短 5 个月油价缩水 72%，历史罕见。石油价格在国际能源领域也发挥着越来越重要的战略导向作用，而国际油价的暴涨暴跌对世界经济产生了广泛而深远的影响。

　　为了全面考量石油价格波动对经济的影响，书中将对石油价格上涨期和下跌期的经济变化情况分别进行研究，探究石油价格波动对不同国家经济的影响程度。选取石油价格上涨阶段（2000～2007 年）和下跌阶段（2008 年）作为事件分析法的研究对象，选取几大石油消费国（及组织）——中国、美国、日本、印度、俄罗斯，以及欧盟 27 国的 5 组常用经济指标——国内生产总值、消费者价格指数、进口商品总额、出口商品总额、失业率，研究各国在事件窗内，其经济受石油价格波动影响的显著性程度。并通过对比，判断在石油价格上涨和下跌事件期内，中国经济的波动情况和哪个国家最为接近，以此得出在面临石油价格波动问题时，可以为中国提供参考和借鉴的经验。

## 5.2　事件分析法

### 5.2.1　事件分析法的基本原理

事件分析法是通过检验事件发生前后的市场行为与正常市场行为之间的差异，来考察事件的行为效应的一种方法，是探讨事件发生前后对某一领域产生反应的经验研究方法。被广泛应用于金融、会计、法律等领域。其研究的基本步骤包括[116]：

步骤 1：定义所要研究的具体事件及相应的事件窗（event window）。事件分析的首要任务就是确定所研究的事件，并且明确该事件及受其影响产生结果的时间段，这一时期称为"事件窗"。

步骤 2：定义研究事件的估计窗（estimation window）。想要考量事件发生前后对某一领域产生的影响，除了需要确定研究事件的事件窗外，还需要对事件窗之前的某一段时期进行对比，因此，在事件分析法中还需要确定研究事件的估计窗。估计窗一般选择事件窗前的一段时期，但需要注意的是，一般情况下，事件发生的当期不能包括在估计时期内，以防止该事件影响正常的参数估计。事件分析法中的事件窗、估计窗的选择如图 5.2 所示[117]。

图 5.2　事件分析法时间轴

步骤 3：研究对象的选择。在确定了所要研究的事件及其发生时间后，需要确定研究对象，即当事件发生后，需要被关注的研究领域。选取研究对象的原则可以根据数据样本的可获得性等标准来确定。

步骤 4：正常收益（normal return，NR）/异常收益（abnormal return，AR）的计算。为了评价事件的影响，需要对异常收益进行度量。异常收益指的是事件发生后实际收益与同期正常收益之差；而正常收益是指假设不发生该事件时的预期收益。

## 5.2.2　正常/异常收益的计算方法

异常收益的计算是事件分析法中的关键步骤。假设某一特定石油价格波动事件 $i$，在事件发生日 $\tau$ 的异常收益为[117]：

$$AR_{i\tau} = R_{i\tau} - E(R_{i\tau} \mid X_{\tau}) \tag{5-1}$$

其中，$AR_{i\tau}$、$R_{i\tau}$ 和 $E(R_{i\tau} \mid X_{\tau})$（简写为 $R_{i\tau}$）分别为第 $\tau$ 期的异常收益、实际收益及正常收益，$X_{\tau}$ 是正常收益模型的条件信息。

正常收益有两种常用模型可供选择，分别是常均值收益模型和市场模型，其中又以常均值收益模型应用更为广泛。顾名思义，常均值收益模型假定某一指标的平均收益在一段时期内是一个常量，而市场模型则假定总体收益和指标收益之间存在稳定的线性关系。本书采用常均值收益模型对正常收益进行模拟。设 $\mu_i$ 为研究对象 $i$ 的平均收益，则常均值收益模型将被表示为

$$R_{i\tau} = \mu_i + \zeta_{i\tau}$$
$$E(\zeta_{i\tau}) = 0 \qquad \mathrm{var}(\zeta_{i\tau}) = \sigma_{\zeta i}^2 \tag{5-2}$$

采用最小二乘算法（OLS）对式（5-2）中的参数进行估计，可得：

$$\mu_i = \frac{1}{L_1} \sum_{\tau = T_0 + 1}^{T_1} R_{i\tau}, \tag{5-3}$$

$$\sigma_{\zeta i}^2 = \frac{1}{L_1} \sum_{\tau = T_0 + 1}^{T_1} R_{i\tau} - \mu_i \tag{5-4}$$

其中，$T_0$、$T_1$ 分别代表估计窗的起止时间，$L_1 = T_1 - T_0$ 表示估计窗的时间跨度。

至此，异常收益/累积异常收益（cumulated abnormal return，CAR）可表示为

$$AR_{i\tau} = R_{i\tau} - R_{i\tau}$$
$$CAR_{i\tau} = \sum_{\tau = T_1 + 1}^{T_2} AR_{i\tau} \tag{5-5}$$

其中，$T_1$、$T_2$ 分别代表事件窗的起止时间点①。

---

① $T_0$、$T_1$、$T_2$ 的具体位置详见图 5.2。

# 5.3　石油价格上涨事件对经济影响的显著性分析

## 5.3.1　石油价格上涨事件的分析步骤

通过分析石油价格波动对其经济的影响的显著性程度，可以发现各国经济对石油价格波动的敏感程度，以此反映出各国经济在面临石油价格波动时的稳定程度。石油价格上涨事件的分析大致可分为 5 步，具体操作步骤如下：

步骤 1：数据初始化。由于本书的研究对象是经济（季度/月度）数据，因此不可避免地会受到季节因素的影响。数据初始化阶段，首先需要消除数据序列的季节性波动趋势，以确保研究结论的可靠和准确。

步骤 2：确定数据频率和分析窗。根据需要和实际情况，确定所研究的经济数据为季度数据。2000～2007 年石油价格上涨阶段的事件窗和预测窗如图 5.3 所示。

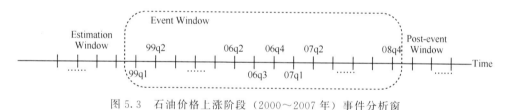

图 5.3　石油价格上涨阶段（2000～2007 年）事件分析窗

步骤 3：计算各个指标正常收益。通过式（5-2）～式（5-4）来获得各个指标的期望收益。

步骤 4：计算异常收益。在获得正常收益的情况下，通过式（5-5）计算出异常收益和累积异常收益。

步骤 5：显著性检验。若异常收益为负，则表示该事件的发生对本事件期的经济指标产生了同向作用；反之，若异常收益为正，则表示该事件的发生对本事件期的经济指标产生了强化作用；若本事件期异常收益为零，则表示该事件在此事件期内未对某一经济指标产生显著影响。

### 5.3.2 石油价格上涨对各国（地区）经济的影响的事件分析

石油价格上涨阶段的事件分析结果如图 5.4 所示，其数值结果参见附录二（附表 1.1～附表 1.6）。若石油价格上涨事件对经济指标的影响超过了 0.05（5%，绝对值），则称此事件对该事件期间的经济指标产生了显著影响，其对应的事件期以斜体加粗表示，以示强调。

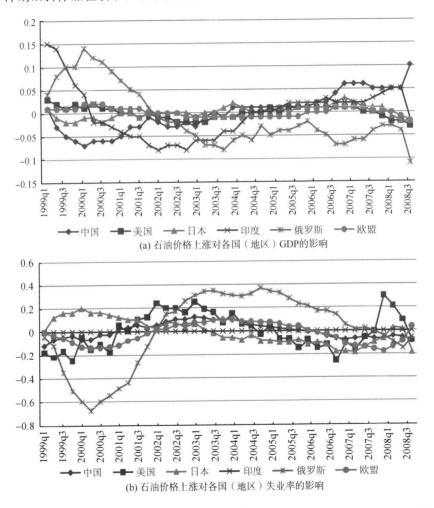

(a) 石油价格上涨对各国（地区）GDP的影响

(b) 石油价格上涨对各国（地区）失业率的影响

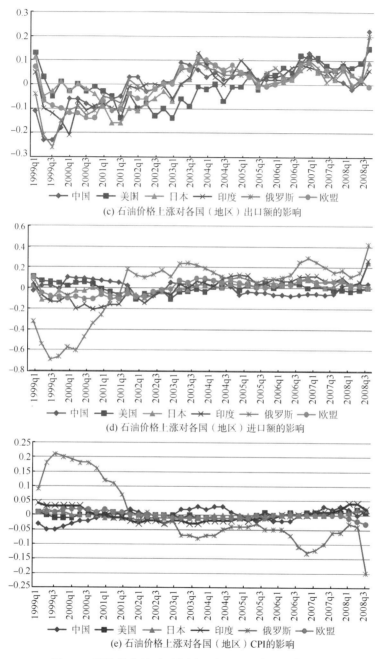

(c) 石油价格上涨对各国（地区）出口额的影响

(d) 石油价格上涨对各国（地区）进口额的影响

(e) 石油价格上涨对各国（地区）CPI的影响

图 5.4　石油价格波动对各国（地区）经济的显著影响

由图 5.4 可知，石油价格上涨对各国（地区）经济均造成了巨大的影响，但由于各国国情不同，石油价格上涨事件对各国（地区）经济所产生的影响程度各不相同。

1. 中国

在列举的 5 项指标中，我国经济对石油价格上涨事件反应最迅速的是 GDP 和进出口三大领域，而失业率和 CPI 对石油价格波动的反应均有滞后，滞后期约为 4q。从累积异常收益可以看出，在这一轮石油价格上涨之始，我国的 GDP 增长就持续受到了影响，并且这种影响一直持续到 2008 年年末才基本结束，GDP 累积异常收益在 2003 年年末达到最大值（－0.65）[①]。从就业形势来看，从 2003 年开始，我国失业率开始出现上涨趋势，累积异常收益开始出现正值，这也就是说在消化了所有利好后，全国就业形势从 2003 年开始面临压力，且这种压力在 2004q3～2006q3 这两年的时间内达到最大值，在此期间，我国失业率的累积异常收益一直保持在 0.6～0.7。我国的进出口额在石油价格上涨阶段受到的影响也十分显著，两者分别在 2002q2 和 2004q4 达到最大值，且一直到石油价格上涨后的 1 年时间内才逐渐缓和。虽然我国在石油价格上涨期间也受到了通胀的压力，CPI 指数的异常收益从 2001q1 开始便一直为正（除 2005q2～2006q3 期间以外），但影响始终不显著（异常收益 < 0.05），因此可以得出结论：在石油价格上涨期间国内面对的通胀压力相对较小，通胀指数受石油价格上涨的影响并不显著。

2. 美国

美国 GDP 受石油价格上涨影响并不十分显著，这说明石油价格上涨事件对美国整体经济并未发生太大负面影响，而民众的就业情况和国家的出口领域受到的影响却非常明显，受到显著影响的事件期个数分别为 36 个和 23 个。美国的失业率指数在石油价格上涨 4 个季度后出现了显著增长，而且在消化了前期的积累后，从 2003q1 开始，失业率出现了大幅攀升，于 2005q1 达到了最大值。但是相比较而言，美国失业率变化的持续时间比中国短，从 2006 年年底开始，美国的就业形势便开始出现好转（在持续 15 个事件期——2003q1～2006q3 以后，美国失业率累积异常收益从 2006q4 起出现负值）。同时，美国出口额从 2001q2 开始出现负值，且这种显著影响的幅度一

---

① 鉴于可以理解的原因，文中对正向或负向影响不作特别说明。

度超过了 100%（2004q3～2005q4 期间，美国出口额受到影响的幅度均在
100% 以上），这种负面影响一直持续到 2008 年年末才逐渐消除。和中国类
似，美国在石油价格上涨期间未受到明显的通胀压力。

3. 日本

日本失业率在石油价格上涨之初受到的影响最为明显，虽然在 2003q3 以后
失业率出现了好转，但由于之前所受负面影响累积过大（2000q4～2005q4，日本
累积失业率一直大于 100%），其失业率的累积异常收益在 2007q3 才开始出现下
降趋势。总的来说，虽然石油价格上涨事件对日本经济的负面影响比较明显，但
相比较于其他国家，日本经济最早开始复苏，只不过这种复苏要想弥补之前的负
面影响，需要更长的一段时间。

4. 印度

由于种种原因，印度的失业率数据无法获得。在其余的四项指标中，在事件
期内出现显著变化的是进出口额（分别有 34 个和 24 个事件期出现了显著影响），
并且在很长的一段时期内，累积异常收益都超过了 100%。但是，也可以发现，
尽管印度出口额在 2000～2007 年总体是下降的，但是其进口额也同样在下降，
且相比较而言，印度的进口额的累积影响普遍大于出口，这一现象也是印度特
有的。

5. 俄罗斯

俄罗斯与其他各国最明显的区别在于，在整个事件期内，其 CPI 波动非
常显著（共有 22 个事件期发生了明显的变化），这也是俄罗斯所特有的。鉴
于俄罗斯特殊的通胀压力，一旦再次发生石油价格上涨事件，俄罗斯应当重
点关注其通胀领域，着力避免通胀对国内经济的影响。值得庆幸的是，在石
油价格上涨初期，俄罗斯的失业率在很长一段时间内都处于向好的趋势（在
1999q1～2006q1 期间内，俄罗斯累积失业率均为负值），这表明俄罗斯就业
情况对石油价格上涨这一特殊事件有一定的抵御能力，也就是在近年来，失
业率才开始上升。

6. 欧盟

本书将欧盟 27 国作为一个整体进行研究。虽然在 40 个事件期中，欧盟
的失业率有一段时间（2002q3～20005q2）出现了上涨的情形，但总的说来，
在石油价格上涨阶段欧盟的失业率一直都未见明显的上升，其累积异常收益

一直都为负值，这说明在此期间内，欧盟的就业情况还是向好的。同时，欧盟的进出口额变化情况基本持平，没有明显的差距。而 GDP 和 CPI 在整个事件期内都未发生明显变化。因此，从总体上来看，欧盟的经济在石油价格上涨阶段并未受到巨大的冲击，经济比较平稳，由此也可以得出结论，欧盟经济对石油价格上涨事件不是很敏感，对石油价格上涨的负面影响有一定的消化和抵御能力。

### 5.3.3 石油价格上涨事件对各国（地区）经济影响趋势对比

将与中国经济变化趋势相同的指标值进行加和运算，得出各国（地区）在事件窗期间与中国经济变化趋势相同的累积影响量（consistent cumulative effects，CCE）：

$$CCE_k = \begin{cases} \sum\limits_{j \in [event\ window]} AR_{ij} & k = Countries\ except\ China \\ \sum\limits_{j \in [event\ window]} AR_{ij} & k = China \end{cases} \tag{5-6}$$

以日本与中国的失业率为例的累积影响量为例。参照附表 1.1 和附表 1.3 可知，石油价格上涨阶段，日本与中国失业率变化趋势一致的事件期共有 12 期，其累积影响量为 $-0.87$，对应事件期内中国的累积影响量为 $-0.22$。

接下来计算中国与其他各国（地区）的经济变化趋势的差异程度（difference of trend，DOT），从而找出在国际油价上涨阶段，与中国国情类似的国家，DOT 计算公式如下：

$$DOT_{ci}^{j} = \left| \frac{CCE_c - CCE_i}{\max(CCE_c, CCE_i)} \right| \tag{5-7}$$

其中，$CCE_i$ 表示国家 $i$ 的趋势一致累积影响量，$CCE_c$ 表示在对应时期内中国的累积影响量，$j$ 表示比较指标（如 GDP、失业率等）。以日本为例，它与中国失业率差异的 DOT 值为

$$DOT_{中日}^{失业率} = \left| \frac{0.87 - 0.22}{0.87} \right| = 0.747$$

中国与别国（地区）经济受石油价格上涨事件影响趋势一致性对比结果如表 5.1 所示。

表 5.1   比较中国与别国（地区）经济受石油价格上涨事件影响的显著性

| | 项目 | 美国 | 日本 | 印度 | 俄罗斯 | 欧盟 |
|---|---|---|---|---|---|---|
| GDP | 趋势一致事件期显著性影响累积值（其他） | null | null | 0.0963 | null | null |
| | 趋势一致事件期显著性累积影响（中国） | null | null | 0.1017 | null | null |
| | 差异度计算 | null | null | 0.05 | null | null |
| 失业率 | 趋势一致事件期显著性累积影响（其他） | 0.21 | −0.87 | n/a | 0.73 | −0.66 |
| | 趋势一致事件期显著性累积影响（中国） | 0.17 | −0.22 | n/a | 0.40 | 0.12 |
| | 差异度计算 | 0.20 | 0.75 | n/a | 0.45 | 0.82 |
| 出口额 | 趋势一致事件期显著性累积影响（其他） | 0.32 | 0.05 | −0.52 | −0.44 | −0.40 |
| | 趋势一致事件期显著性累积影响（中国） | 0.26 | 0.28 | −0.37 | −0.26 | −0.42 |
| | 差异度计算 | 0.20 | 0.84 | 0.29 | 0.42 | 0.05 |
| 进口额 | 趋势一致事件期显著性累积影响（其他） | −0.10 | −0.24 | −0.18 | 0.57 | 0.04 |
| | 趋势一致事件期显著性累积影响（中国） | −0.06 | −0.24 | −0.10 | 0.25 | 0.04 |
| | 差异度计算 | 0.41 | 0.02 | 0.44 | 0.56 | 0.04 |
| CPI | 趋势一致事件期显著性累积影响（其他） | null | null | null | null | null |
| | 趋势一致事件期显著性累积影响（中国） | null | null | null | null | null |
| | 差异度计算 | null | null | null | null | null |

null：不存在与中国波动趋势一致的事件期，下同；由于中国在石油价格上涨阶段未出现明显的通货膨胀影响，因此无法将CPI指数与其余各国进行比较

通过对比可以发现，在面对国际油价上涨事件时，印度与中国经济变化趋势最为接近（差异度最小），其与中国经济变化的差异度为：0.05＋0.29＋0.44＝0.79，其余国家分别为：美国（0.81）、日本（1.6）、俄罗斯（1.43）、欧盟（0.91），由此可以判断印度经济受石油价格上涨事件的影响程度与中国近似。

## 5.4   石油价格下跌事件对经济影响的显著性分析

### 5.4.1   石油价格下跌事件分析步骤

石油价格下跌事件的分析步骤与国际油价上涨事件大体相似，所不同的是事

件发生期的数据频率和分析窗的范围。鉴于此处所考虑的是 2008 年的石油价格下跌事件，距离目前的时间点很近，样本数据量有限，因此，考虑采用月度数据进行事件分析①。石油价格下跌事件的分析窗如图 5.5 所示。

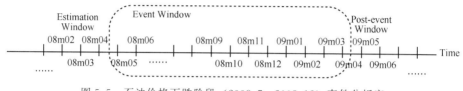

图 5.5　石油价格下跌阶段（2008.7～2008.12）事件分析窗

## 5.4.2　石油价格下跌对各国（地区）经济影响的事件分析

石油价格下跌对各国（地区）经济的影响程度如图 5.6 所示。通过对比石油价格上涨和下跌阶段对各国经济产生的影响不难发现，石油价格上涨和下跌过程对各国经济产生的影响是非对称的，石油价格上涨对经济的负面影响远比石油价格下跌对经济的促进作用显著，这一研究结果也从另一角度证明了 Hamilton 及 Mork 等学者的研究结论[28, 118]。

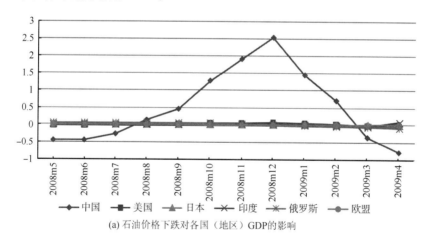

(a) 石油价格下跌对各国（地区）GDP的影响

---

① 由于我国的 GDP 和失业率只有季度数据，因此，需要使用 Eviews 软件进行频率转换，将季度数据转变为月度数据，然后才能进行分析。

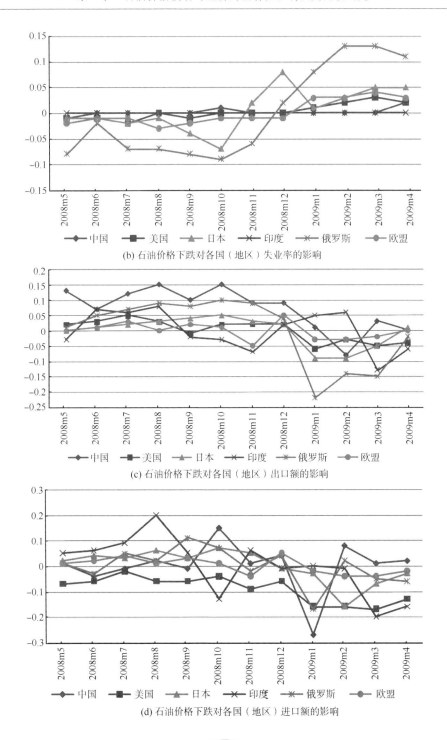

(b) 石油价格下跌对各国（地区）失业率的影响

(c) 石油价格下跌对各国（地区）出口额的影响

(d) 石油价格下跌对各国（地区）进口额的影响

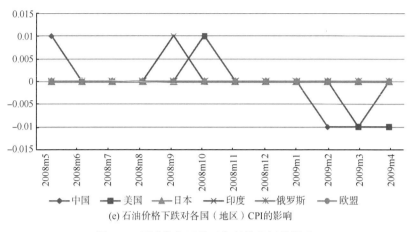

(e) 石油价格下跌对各国（地区）CPI的影响

图 5.6  石油价格下跌对各经济指标的影响

1. 中国

石油价格下跌事件对中国经济影响最为显著的是 GDP 和出口额领域。在所有 12 个事件期中，GDP 有 7 期出现正向的显著影响，在此累积作用下，期末的 GDP 累积异常收益达到 6.07，是所有国家的经济指标中增长最大的。此外，石油价格下跌，对我国出口领域的促进作用也十分的显著，共有 8 个事件期出现明显的正向影响，且最终的累积异常收益达到 0.84。

作为一个石油净进口国，石油价格的下跌无疑会降低我国的石油进口开支，减少石油消费成本，从而提高我国的国内生产总值，另外，石油价格下跌大大减少那些以石油为主要原材料的产品的成本，增加我国出口产品的竞争优势，从而提高我国出口商品的数量和金额。可以得出结论，石油价格下跌对中国整体经济带来的促进作用十分明显，因此关注石油市场，特别是着力维护平稳健康的石油价格市场是保障我国经济平稳发展的关键。

2. 美国

美国受到石油价格下跌时间影响最为显著的经济领域是进口领域，共有 10 个事件期出现了明显下降，且其累积异常收益达到 −1.09。美国进口超过出口约 55%，因此，石油价格下跌对对缓解美国贸易逆差的意义重大。与此同时，美国的 GDP 在石油价格下跌时间期末的累积异常收益也达到了 0.18，说明石油价格下跌在一定程度上对美国经济也起到了积极的推动作用。

3. 日本

从分析来看，虽然石油价格下跌事件在一段时期内给日本的就业形势带来一定改善（2008m5～2008m10），但这种改善也极易受到外部环境变化的影响，到事件期末，日本失业率指数累积异常收益仍为 0.08，也就是说，石油价格下跌虽然在某种程度上缓解了前期日本社会的就业压力，但是这种缓解相比较于别的国家而言并不稳定。

4. 印度

总体来讲，印度的经济在石油价格下跌期间受到影响最大的是其进出口领域，尽管期末的累积异常收益为 0，但是在整个事件期中，印度的进口受到显著影响的事件期为 8 个，而出口额受到显著影响的事件期达到 9 个。此外，印度的进出口领域的变化趋势基本相同，都出现"先升后降"的波动趋势，因此，暂时无法得出石油价格波动对印度经济的影响的具体结论[119]。

5. 俄罗斯

俄罗斯经济受石油价格下跌影响较为明显的是其失业率及进出口领域。其中，失业率和出口领域都经历了"先扬后抑"的过程，即在事件发生前期，失业率下降，出口额上升，而到了后期以后，失业率上升而出口额下降，并最终将前期的利好全部消化。由此可见，相较于其他国家，石油价格下跌对俄罗斯经济的影响并不是特别的稳定。

这可能与俄罗斯本身在国际石油市场上的地位有关。和上述其他国家不同，俄罗斯是一个石油资源较为丰富的国家，既是一个石油消费大国，又是一个石油出口大国，其石油储量占世界已探明储量的 5.6%，居世界第六位；出口量占石油出口总量的 17.1%，居世界第二位（仅次于中东地区 34.8%）；同时，俄罗斯又是世界第五大石油消费国，石油消费总量仅次于美国、中国、日本、印度。因此，石油价格下跌对俄罗斯经济的影响呈现出双向的特征。

6. 欧盟

石油价格波动对经济影响的非对称效应在欧盟的体现是较为突出的。通过横向比较发现，在事件期内的所有指数中，欧盟的所有经济数据总共只有 3 个事件期出现了明显波动，因此可以说石油价格下跌对欧盟经济造成的影响是最弱的。

### 5.4.3　石油价格下跌事件对各国经济影响趋势对比

参照式（5-4）和式（5-5）可以得到中国与别国（地区）经济受石油价格下跌事件影响趋势一致性对比结果，如表 5.2 所示。

表 5.2　比较中国与别国（地区）经济受石油价格下跌事件影响的显著性

| | 项目 | 美国 | 日本 | 印度 | 俄罗斯 | 欧盟 |
|---|---|---|---|---|---|---|
| GDP | 趋势一致事件期显著性累积影响（其他） | 0.12 | 0 | 0.02 | −0.15 | 0 |
| | 趋势一致事件期显著性累积影响（中国） | 4.42 | 0 | −1.15 | −1.15 | 0 |
| | 差异度计算 | 0.97 | 0 | 1.02 | 0.87 | 0 |
| 失业率 | 趋势一致事件期显著性累积影响（其他） | 0 | 0 | 0 | 0 | 0 |
| | 趋势一致事件期显著性累积影响（中国） | 0 | 0 | 0 | 0 | 0 |
| | 差异度计算 | 0 | 0 | 0 | 0 | 0 |
| 出口额 | 趋势一致事件期显著性累积影响（其他） | 0.05 | −0.04 | 0.21 | 0.34 | 0.05 |
| | 趋势一致事件期显著性累积影响（中国） | 0.12 | 0.07 | 0.34 | 0.61 | 0.09 |
| | 差异度计算 | 0.57 | 1.57 | 0.37 | 0.44 | 0.42 |
| 进口额 | 趋势一致事件期显著性累积影响（其他） | −0.16 | 0.07 | 0 | −0.11 | 0 |
| | 趋势一致事件期显著性累积影响（中国） | −0.27 | 0.15 | 0 | −0.11 | 0 |
| | 差异度计算 | 0.40 | 0.54 | 0 | 0.07 | 0 |
| CPI | 趋势一致事件期显著性累积影响（其他） | 0 | 0 | 0 | 0 | 0 |
| | 趋势一致事件期显著性累积影响（中国） | 0 | 0 | 0 | 0 | 0 |
| | 差异度计算 | 0 | 0 | 0 | 0 | 0 |

注：由于程序计算时采用的是科学计数，而统计表中数据保留小数点后两位，因此可能存在少许误差，但对最终结果不会造成太大影响

由于中国在石油价格下跌阶段未出现明显的通胀和失业率变化，因此不将通胀指数和失业率与其余各国进行比较。通过对比可以发现，在面对国际油价下跌事件时，欧盟与中国经济变化趋势最为接近，中国与欧盟经济变化的差异度为 0.42，与其余国家的差异度分别为 1.94（美国）、0.98（日本）、1.24（印度）、1.38（俄罗斯）。

## 5.5　小　　结

本章选用事件分析法，对油价-经济的关联关系进行定量分析，并通过国际

比较，得出在石油价格上涨和下跌阶段，经济波动趋势和中国最为接近的国家。结论指出，石油价格上涨和下跌阶段对我国经济产生的影响是非对称的，石油价格上涨的影响要远大于石油价格下跌的影响，这也从另一个方面验证了诸多学者已有的研究成果。当石油价格上升时，与我国经济波动趋势最为接近的国家是印度，而当石油价格下跌时，经济波动趋势与我国最为接近的是欧盟。

　　在了解了石油价格波动的周期规律、石油价格与经济的联动波动特征以及石油价格波动对经济的量化影响的基础上，构成石油价格波动对经济影响的预警知识库系统所需的相关元素均已被获取，知识库构造的知识准备阶段的工作已基本完成，下一步的研究重点将是如何借助数据挖掘和人工智能技术，对石油价格波动对经济的影响展开预警研究。

# 第6章　石油价格波动对经济影响的预警知识库构造

在油价持续走高的背景下，如何发现石油价格波动对经济的影响，减少石油价格波动对经济造成的危害，已经成为研究人员和决策者共同关心的问题。预警是保障石油价格安全和经济稳定发展的有效手段，通过开展石油价格波动对经济影响的预警研究，可以有效地对石油价格及经济运行状况进行实时监控，有针对性地对油价及经济运行过程中的不稳定因素进行干预和微调，从而减少石油价格波动对国民经济造成的冲击。然而石油价格问题及其与经济的关联关系是一个复杂的领域，想要穷举其中所有可能出现的情况往往不太可能，加之其中很多的隐性知识难以用规则、公式等形式化的方式表达，因此现有的危机预警理论无法为石油价格波动对经济可能造成的影响提供有效的预警信号。

若能有一种有效的知识管理方法，将石油价格的波动信息和经济的反应信息进行整合，建立起石油价格波动对经济影响的预警知识库系统，帮助决策者找到可能出现的问题，便能有效避免石油价格危机对我国经济的影响。鉴于此，本书尝试将本体和概念格技术运用于案例推理过程，构建石油价格波动对经济影响的知识库系统，以此展开预警研究。

## 6.1　引　　言

供需关系的失衡、地缘政治的改变、自然灾害、投机资金炒作等都是引发石油价格波动的主要原因，因此，石油价格的波动过程常常呈现出不确定和突发的特点。为了尽量减少石油价格波动对经济的危害和损失，各国政府纷纷开始关注石油价格波动对经济影响的预警研究。在传统预警理论中，预警信号的提出必须全面考量危机事件出现的事前、事中、事后三个阶段。虽然石油价格波动会对经济造成影响，但是影响的程度却不尽相同（预警信号复杂）。同时，石油价格波动发生频率和幅度并不是按照某种顺序或流程而组织的（查找困难），因此，除非决策者能将如此众多的信息完全掌握（不太现实），否则无法进行直接关联并形成预警判断。因此，石油价格波动对经济影响的预警分析无法单纯从传统的"事前""事中""事后"来进行判断，必须借助其他方法对其进行研究。

随着社会的不断进步，人们日益感觉到在社会发展过程中，最重要的不是数据本身，而是知识。知识是人类智慧的结晶，是一种有意义的信息，是能够帮助解决问题的成功经验。知识库（knowledge base）是基于知识的系统，是知识工程中结构化、易利用、有组织的知识集群，是针对某一（或某些）领域问题求解的需要，采用某种（若干）知识表示方法在计算机中存储、组织、管理和使用的相互联系的知识集合，具有智能性。知识管理的主要任务是对所有资源，尤其是隐性知识资源，进行发现、挖掘、整理、整合、存储，并实施科学的管理和维护，将最合理的知识在最恰当的时候提供给最需要的人，帮助作出最科学的决策。

案例推理（case-based reasoning，CBR）是人工智能领域的一种重要的基于知识的问题求解和学习方法，通过重用和学习的方式来寻求问题的解，属于类比推理和机器学习方法，适用于处理复杂问题和进行多属性决策。案例推理[120,121]来源于人类认知、心理活动，现实世界中很多隐性知识很难以用规则、公式等形式化的方式表达出来，但可以用案例的形式对这些知识加以利用。鉴于 CBR 良好的自学习和自适应特征，案例推理技术已被成功应用于故障诊断[122]、决策支持[123-125]、医疗诊断[126]、智能化预测[127-129]等多个领域。因此，本章考虑采用案例推理的方法来构建石油价格波动对经济影响的预警知识库。

## 6.2　案例推理的基本原理

### 6.2.1　案例推理的内涵

案例推理技术是由美国耶鲁大学 Roger C. Schank 教授首先提出的一种基于类比推理的人工智能方法。案例推理过程与人的心理认知过程相类似，其基本原理是：当问题出现时，通过类比和联想的方式，借鉴先前针对类似问题求解的方法和经验，解决目前遇到的问题。通常认为 Kolodner 对现实世界的 4 个假设是 CBR 方法的基础[130,131]。①正则性：在相同情况下，相同的行为往往能够导致相同或相似的结果。②典型性：情况或事件往往会重复发生。③一致性（也称相对稳定性）：世界发生一些小变化，对其操作或处理过程只需稍作变化即可。④易适应性：尽管现实世界中出现的事件很少出现完全重叠的情况，但某两个事件间差别很小的情况却较为常见，而较小的区别相对容易被解决。

### 6.2.2 案例推理的流程

通常认为[132,133]，一个完整的 CBR 系统一般包括如下 5 个循环过程：

（1）案例表示：将新问题按规定的案例结构描述成问题案例，即将待解决问题以案例的形式输入知识库中。

（2）案例检索：依据某一检索算法从当前案例库中检索出与待解决问题最接近、相似度最高的案例。

（3）案例重用：如果被检索出来的案例与待解决问题完全匹配，则重用已有案例的解决方案作为新问题的解。

（4）案例修改：否则根据知识库中的领域知识结合新问题的特点对此解决方案进行修正，得到更适合新问题的解。

（5）案例保留：保留新问题的描述和解决方法作为新案例，按学习策略添加到案例库中，实现系统的自学习功能。CBR 的工作流程如图 6.1 所示。

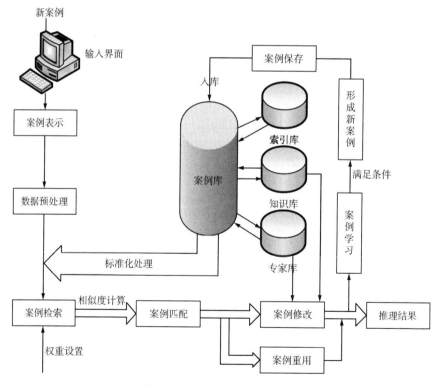

图 6.1　案例推理的工作流程

案例推理机制是以案例为基础的推理过程。人们以往的经验被存储成一个个案例，当新问题出现时，首先将其描述成案例库中案例的组织形式，然后将其与案例库中原有案例进行对照，若能检索到相似的合适案例，便可作为对当前问题的参考解决方案。这个过程便是经验的重用过程。若检索出的案例不能满足当前问题的要求，可以对检索案例进行适当修改，并存入案例库，供下次出现类似问题时参考。这一过程便是经验的自学习过程。

### 1. 案例的表示

案例表示是整个案例推理过程的基础，如果案例表示不当，将会直接影响后续推理过程的准确性和推理效率。案例表示解决的主要问题是：案例中需要包含哪些信息？如何选择合适的描述结构等。案例表示一般采取结构化的表示形式，以"元组"的形式对问题进行描述。目前常见的案例表示方法有二元组和三元组的表示方法，下面逐一进行简单的介绍。

任何基于案例推理的系统都必须要有对问题的描述并提供解决方案，所以案例的表示至少应该包含两个方面：<问题描述，解描述>，形式化地表示为 $case = <problem，solution>$，这样的案例表示方法称为案例的二元组表示法。其中，问题描述域用来描述问题的特征等相关信息，是对相关问题的完整表示，而问题的解决方案域描述的是问题的解决方案或问题可能带来的结果。案例的二元组表示方法一般用于简单的案例描述过程。

当需要对解的效果进行评估时，就需要用三元组的方法来表示[134]。案例的三元组表示法包含三个方面的内容：<问题描述，解描述，效果描述>，形式化地将其表示为：$case = <problem，solution，evaluation>$。在处理复杂问题时，问题域可能会涉及多种类型的属性，因此需要将问题域分解为 $m$ 个属性来描述。分解后的问题域可以形式化地表示为：$problem\_field = <pfield_1，pfield_2，\cdots，pfield_m>$。同样的，设以 $n$ 个属性来描述解决方法，则解描述域可以形式化地表示为：$solution\_field = <sfield_1，sfield_2，\cdots，sfield_m>$。效果描述表示的是用户对解决方案的满意程度，由用户提供。案例的三元组表示法适用于风险诊断领域的案例描述过程。

本章拟采用改进的二元组表示法来表示案例，其中包含两个方面的内容：<问题描述，影响描述>，形式化表示方法如下：$case = <problem，effect>$，其中：$problem$ 是一个有限元集合，表示案例的说明性信息，包括当前石油价格、经济发展水平及油价波动诱因等；$effect$ 是一个非空有限集合，表示对问题求解方案的描述，即油价波动对经济领域的影响程度。

2. 案例的检索

案例检索是案例推理过程的核心。案例检索的目标是从案例库中迅速而准确地检索出与目标案例相似或相关的案例，而检索结果应当做到"少而精"，也就是说，一方面，尽可能少地从案例库中检索出案例，另一方面，检索出来的案例应当尽可能多地与目标案例相关或匹配。

案例推理的检索过程不同于一般检索过程，其检索结果的最大的特点是允许带有一定的不确定性或模糊性。因此，学者们提出很多具有相似度的概念，以衡量案例间的相似性，并针对这些概念提出许多算法，如最近相邻策略、归纳推理策略、知识引导策略和模版检索策略，以及在此基础上产生的聚类分析方法[135]、基于神经网络的案例检索方法[136-138]、基于灰色关联和模糊集的案例检索法[139,140]、基于遗传算法的案例检索方法[141,142]及基于混合概念格的案例检索方法[131]等，提高案例检索的命中率和检索的准确性。

3. 案例的修改

从案例库中检索得到的相似案例，如果与当前案例完全相同，则可不经过修改，直接调出历史案例的解决方案来解决新问题；但若检索到的案例与当前案例不完全相同，或相似性小于给定的阈值，则说明历史案例的解决方案只能部分满足当前问题的求解要求，这种情况下就必须修正旧的方案来适配新问题。

把检索到的相似案例的解决方案重用到新问题中，比较所给问题和相似案例，根据新旧案例间的不同之处，寻找哪些部分可以在新问题中重用，而哪些部分应当修改。案例修改一般基于特定的修正知识来完成，需要领域专家的参与。

4. 案例的保存

案例推理系统是一个自学习、自组织及自适应的系统，它将在问题求解过程中获得的知识以新案例的形式加入案例库中，使得案例库在使用的过程中不断充实和完善。当一条新的完整案例形成以后，由于它可用来解决未来可能出现的类似问题，所以有必要把它添加到检索案例库中。值得注意的是，并不是每个案例都有保存的价值，是否将其加入案例库中，判定方法有很多，其中较为常见的方法是在案例库中找出与新问题对应的旧案例，如果它们的相似度大于某个阈值，则认为新案例没有提供新的信息，不需保存，否则认为它可以为今后的推理提供解决方案，予以保留。

随着新案例的不断加入，CBR 系统中的知识将变得更加丰富，案例检索结果也将变得更加准确和实用。这是案例学习的过程，同时也是知识获取的过程。

### 6.2.3 案例推理构建知识库的可行性分析

将案例推理技术用于石油价格波动对经济影响的预警分析是可行的，具体表现在：

（1）CBR 技术避免了知识理解和提取的困难。油价波动问题非常复杂，呈现出极强的随机性，因而很难用一个确定的数学模型对其中的所有诱因进行全面模拟，即便有，也会由于实际情况与理想状况的差距，模型的准确性大打折扣。这时，CBR 便是最好的选择。因为它是一种先验式的问题处理方法，在面临问题时，CBR 依据的是案例（即以往经验），而无需对现象的本质有太深的了解。

（2）基于 CBR 的预警知识库对数据敏感性低，适用于信息不完备条件下的决策支持。由于石油价格危机事件千变万化而且一直处于演变中，所以当出现危机时，想要完全掌握所有信息并对危机情形进行完全的匹配几乎不可能。对于基于案例推理的预警决策模型而言，由于采用了案例匹配及相似度计算的方法，在一个合理和可接受的范围内，利用历史相似案例的决策方案来辅助当前决策，这在一定程度上避免了复杂问题匹配难的问题。

（3）可以很好地处理模糊信息。在现实处理预警信息的过程中很容易出现模糊信息，对于单纯的基于规则的推理系统，它是很难处理的。例如，石油价格暴涨。这里，"暴涨"的衡量标准是什么，不同的人有不同的界定标准，因而无法统一。但是，在 CBR 系统中，只需要添加一个专用的特征属性（本体属性）即可。

## 6.3 石油价格波动对经济影响的预警知识库的设计

### 6.3.1 预警知识库的组成与功能

针对石油价格波动对经济影响的特征及其 CBR 技术的特点，本书设计出了基于案例推理的石油价格波动对经济影响的预警知识库系统的 5 大模块，分别是人机交互模块、系统维护模块、案例推理模块、案例管理模块以及知识维护模块，如图 6.2 所示。

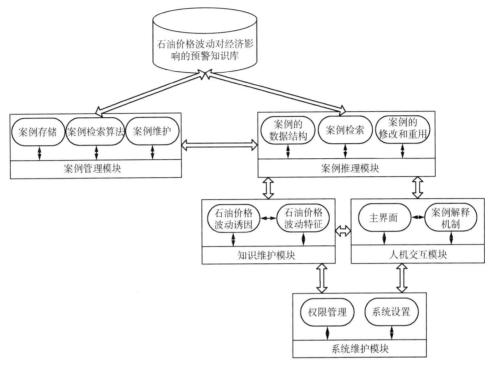

图 6.2 石油价格波动对经济影响的预警知识库的主要模块

现将各模块的功能介绍如下：

（1）人机交互模块主要负责用户与知识库系统间的沟通。一方面，将用户需要解决的问题转化为计算机能够识别的结构形式，进行案例推理；另一方面，将检索结果以可以理解的形式提供给客户。

（2）系统维护模块主要完成对用户权限的管理以及对知识库系统进行设置的任务。将石油价格波动对经济影响的预警知识库的用户分为普通用户和管理员两种，普通用户拥有案例推理及知识库查询的权限，而管理员则拥有对案例库进行修改、添加和删除的权限，同时也可以对普通用户进行管理。

（3）知识维护模块完成的是案例推理的知识存储功能，为案例推理提供浅层的知识，如石油价格波动产生的原因、石油价格波动的特点、石油价格波动对经济产生的负面影响等。目前，该模块存储的主要信息是由国际能源署提供的石油价格大事记。

（4）案例推理模块是整个预警知识库系统的核心模块，其主要任务是完成对待解决问题的案例表示、案例库检索、案例相似性匹配，以及案例的修改和重用等过程。用户在此模块中可以按照自身的需要规定案例的结构形式，确定各个指标的权重，也可以个性化地设定案例学习的阈值。

（5）案例管理模块主要用来管理案例推理的后台程序，包括确定案例的存储位置和检索算法，以及案例的维护等工作。案例推理的有效程度也同样取决于案例管理的质量，即案例库的规模、所存储案例的质量、案例知识的表示方法及案例检索机制等。

## 6.3.2　预警知识库的工作原理

石油价格波动对经济影响的预警知识库由知识发现子系统和案例推理子系统两部分构成，如图 6.3 所示。

预警知识库的知识发现子系统和案例推理子系统的工作过程如下。

1. 知识发现子系统

知识发现子系统存放的是石油价格波动的诱因信息，石油价格波动的特征信息，以及四大经济指标数据：国内生产总值、消费者价格指数、进出口差额、失业率，将这些信息存放在数据库中以供分析和挖掘，并将这些原始数据表达成知识的形式，存储在知识库中。同时，知识库被表达成案例库的形式，存放石油价格波动引发经济数据离群的典型案例。其中，石油价格的波动特征（波动周期、波动幅度、波动出现的概率、石油价格波动危机等级）、石油价格波动对经济的离群影响，以及经济受到石油价格波动的影响程度的数据信息已由第 3 章至第 5 章获得，在此基础上，作为石油价格波动对经济影响的预警知识库系统的子系统之一，知识发现子系统为用户提供石油价格波动引发经济变化的预警信息。

2. 案例推理子系统

案例推理子系统主要完成案例的推理过程。当出现某一新问题时，首先需要将该问题描述成系统能够处理的案例化的表示形式，然后从案例库中检索出与当前问题相匹配的案例。在案例的检索和匹配过程中，若该案例与案例库中已有案例完全匹配，则重用该案例，输出石油价格波动可能会对经济产生的影响；否则需要对该案例进行修改，接着，评估修改后的案例是否能够反映该次石油价格波动事件对经济的影响程度，若该修正案例与案例库中已有案例的相似程度小于某给定阈值，则将此案例作为新案例添加到案例库中，为下一次求解相似问题提供案例支持，否则合并原案例。至此，对某一新问题的案例推理过程结束。

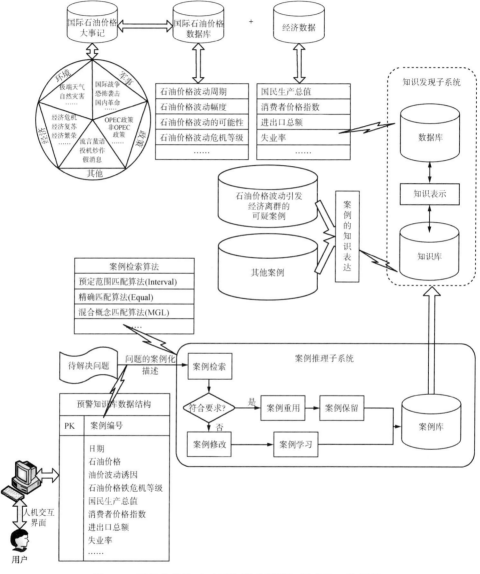

图 6.3　石油价格波动对经济影响预警知识库的工作原理

## 6.4　石油价格波动对经济影响的预警知识库的关键技术

### 6.4.1　需要解决的关键问题

案例的表示和检索是决定知识库构造过程是否有效的关键因素。案例库中存有足够的案例是案例推理过程顺利开展的基础，而案例检索则是 CBR 系统开展的关键，没有有效的案例检索，CBR 系统将一无所获。石油价格波动对经济影响的预警知识库有着不同于其他知识库的特殊之处，构造石油价格波动对经济影响的预警知识库需要着力解决如下两个关键问题。

一是石油价格波动的诱因描述问题。不同原因引起的石油价格波动过程对经济产生的影响不尽相同，因此，石油价格波动诱因成为构建预警知识库需要重点考虑的问题。由于文化和社会背景的差异，不同专家对石油价格波动诱因的理解和表述各不相同。因此，需要找到一种有效的方法，对石油价格波动的诱因进行分析和描述，并使这种描述能够得到领域内相关专家的共同认可，以便共享和重用。

二是如何提高案例检索过程的查全率和查准率。传统的案例相似性度量方法无法很好地判断复杂案例库系统中某些特殊属性（如数值属性、模糊属性）的相似程度，从而限制了 CBR 系统在判断、评估、决策、推理方面的进一步应用。案例检索的实质是案例的相似性度量，较常见的案例相似性度量方法包括最近邻法、粗糙集法和模糊方法等。然而这些方法处理过程比较复杂，并且有着各自的侧重点和适用范围，往往不能适用于某一特定复杂领域的问题求解。石油价格波动对经济影响的预警知识库中涉及大量的数值和符号属性，因此寻找一个既适用于混合多属性特征，同时又具有较高的查全率和查准率的案例匹配方法就显得尤为重要。

本书提出采用本体和混合概念格的方法来解决上述两项关键问题。

### 6.4.2　石油价格波动诱因的本体描述

#### 1. 本体的定义

当前，人们所处的世界正日益成为一个超巨大的信息空间，这些知识由于建立于不同的开发工具和应用环境中，且使用了不同的知识模型和表达形式，相互之间缺乏对领域中概念和关系的共同理解，共享和重用困难，因此，需要一种高效的手段对它们进行协同共享和综合分析。本体（ontology）的出现很好地解决了上述问题。本体这个概念来源于哲学领域，从哲学的研究范畴来讲，本体是对客观存在的系统的解释和说明，关心的是客观现象的抽象本质。学术界对于本体的概念至今没有一个统一的定义，被大家普遍认可和接受的是 Gruber 提出的定义，即"本体是概念模型的明确的规范说明。"[143]本体的目标是获得概括的相关领域的知识，提供对该领域知识的共同理解，确定该领域内共同认可的词汇和术语，并从不同层次的形式化模式上提出这些术语和词汇间相互关系的明确定义[144]。

之所以采用本体的方法描述石油价格波动的诱因，主要是出于如下两方面的考量：

第一，不同原因产生的油价波动问题，对经济造成的影响不尽相同。诱发石油价格波动的原因有很多，不同的原因在不同情境下对经济产生的影响也不尽相同。若仅仅是石油交易市场上出现了流言或假消息，那么石油价格波动的幅度将不会很大，石油价格也能在较短时间内回归到正常的区间水平上，对经济也就不会造成特别严重的影响。但是，若石油价格的波动是由于某次恐怖袭击或是针对主要石油出口国的战争引发的，那么在此基础上带来的油价波动不管从持续时间还是从波动幅度来看，都将是较为明显的，其对经济产生的影响也将十分显著。

第二，本体能够支持知识的共享和重用。由于领域知识、文化背景的差异，对石油价格波动诱因的描述往往千差万别，不同的专家可能会提出不同的描述方法。例如，1991 年 1 月 17 日美国攻打伊拉克的战争，某些专家称其"海湾战争"，而某些科学家则习惯将其称为"沙漠风暴行动"。为了避免歧义，同时使所描述的知识便于共享和重用，本书考虑用本体对石油价格诱因的相关术语进行统一描述，以减少争议。

2. 本体描述语言

本体描述语言使得用户能够为领域模型编写清晰的、形式化的概念描述，因此它必须具有良好定义的语法（well-defined syntax）、良好定义的语义（well-defined semantics）、有效的推理支持（efficient reasoning support）、充分的表达能力（sufficient expressive power）和表达的方便性（convenience of expression）。

现有的本体描述语言有[145] XML、RDF 和 RDF-Schema、DAML、OIL、OWL、KIF、LOOM、CYCL 等，它们中的大部分是在为语义互联网提供支持的过程中传承和发展而来。OWL（Ontology Web Language）语言作为本体表示语言的一种，与其他语言相比，它以下一些优势[138]：首先，OWL 的表达力和可扩展性强于其他语言，因此，用户可以借助 OWL 语言构建更为丰富的知识系统。其次，OWL 预定义了很多有用的类和属性。例如，将一个本体嵌入其他本体中，可能会与其他本体中的类、属性或一些限制条件相重复，OWL 中提供了一些属性，能够接受或屏蔽掉这些等价的类或实体，使得一个本体中的信息与另外一个紧密联系起来，这一特性对于本体重用、关联和互用是非常重要的。最后，OWL 被设定为一种标准，由一些著名的国际标准化组织推荐，因此，有许多开发工具能够将 OWL 语言集成到软件系统中。鉴于此，书中采用 OWL 语言来构建本体模型。

3. 本体描述的可行性

案例推理技术已经被广泛应用于很多领域，且有着出色的表现。但是，传统的案例推理技术尚存在如下不足。首先，CBR 系统中的信息无法实现共享、交互和集成。不同领域的不同知识库之间信息描述方法不同，信息存储和管理方法各异，形成了一个个的"信息孤岛"，不利于不同知识库系统间的交互和信息共享，提高了知识库系统的维护成本，降低了知识库的运行效率。其次，案例描述不具备通用性和可扩展性。案例的描述模式依赖于固定的领域和程序，任何细小的变化都有可能会引起系统程序的大量修改。最后，传统的案例推理过程不可重用。相似的推理过程需要进行重复开发，缺乏有效的知识重用机制。

本体技术的出现较好地解决了上述问题：首先，本体提供了对于特定领域的一种明确的共识，为领域内部不同主体（人、机器、软件系统等）之间的交流（互操作、共享等）提供了语义基础；其次，本体使得同一领域的不同系统之间的信息可以集成，这就如同在各信息孤岛之间搭建起了语义的桥梁；再次，结合本体构造的知识库系统，明确了案例上下层之间的从属关系，方便了案例的输入过程；最后，结合本体对案例推理过程进行建模，使得软件复用成为可能。

综上所述，将本体技术与案例推理过程相结合不仅是可行的，而且是必需的。

4. 石油价格波动诱因的本体描述

将引发石油价格波动的因素分为政策、军事、经济、环境、其他共 5 类，15 种类型，如表 6.1 所示，表中同时列出部分类型的实例。图 6.4 是石油价格波动诱因的本体描述的图形化表示，此本体模型是由 OWL 语言描述的，由于篇幅限制，对于油价波动诱因的 OWL 描述详见附录四。

表 6.1　石油价格波动诱因的分类

| 诱因分类 | 主要类型 | 举例介绍 |
|---|---|---|
| 政策 | OPEC 政策 | 2000 年 3 月，OPEC 石油大臣同意将其成员国的石油日产量提高到 1.452 百万桶/天，但不包括伊拉克和伊朗 |
| | 非 OPEC 政策 | 1995 年，挪威和俄罗斯声称将提高本国石油产量 |
| 军事 | 国际战争 | 1990 年 8 月，伊拉克侵略科威特 |
| | 国内革命 | 1978～1979 年，伊拉克国内发生战争 |
| | 恐怖袭击 | 2001 年 9 月，美国"9·11"恐怖袭击事件 |
| | 政治冲突 | 2003 年 3 月，伊拉克战争爆发 |
| | 经济制裁 | 1992 年，联合国对利比亚实行经济制裁 |
| | 石油工人罢工 | 1994 年 4 月，尼日利亚石油工人罢工，导致该国石油生产中断 |
| 经济 | 经济危机 | 1997～1998 年，亚洲金融危机 |
| 环境 | 极端天气 | 2008 年年底，中国南方大部分地区出现雪灾 |
| | 自然灾害 | 1990 年 11 月，伊朗产油区发生地震 |
| | | 2005 年 8 月，卡特里纳飓风袭击美国墨西哥湾地区，严重影响该地区石油天然气的生产 |
| 其他 | 流言和假消息 | 2000 年 10 月，有消息称美国受到恐怖袭击，石油价格暴涨 |
| | 投机炒作 | 2000 年 12 月，OPEC 主席认为石油价格波动的主要因素是投机资金的炒作 |
| | 战略石油储备（SPR）水平 | 2000 年 9 月，克林顿总统批准释放 3000 万桶战略石油储备石油以满足石油供给需求 |
| | 保护环境的需要 | 1997 年，京都议定书签订，规定了各国 $CO_2$ 排放的标准 |

资料来源：EIA World Nominal Oil Price Chronology 的整理、汇总

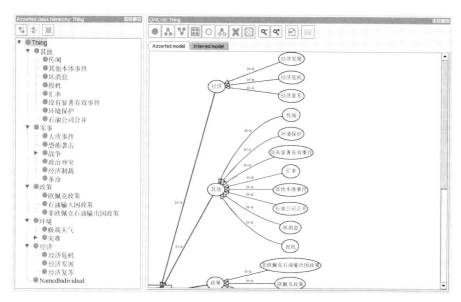

图 6.4　石油价格波动诱因的本体描述（部分）

## 6.4.3　基于混合概念格的案例相似性度量

### 1. 概念格的定义

案例检索是整个案例推理过程的关键。案例检索的主要任务就是检索案例库，计算案例库中的案例与待解决问题之间的匹配程度，从而获得与新问题相似的案例。案例检索的实质是案例的相似性度量，常用的衡量方法包括最近邻法、粗糙集法、模糊集法等，其中，又以最近邻法最直观，因而也是最为普遍采用的方法。但是，这些方法或者处理过程比较复杂，或者有着各自的侧重点和适用范围，往往不能适用于某一特定复杂领域的问题求解，因此，寻找一个既适用于混合多属性特征，同时具有较高的查全率和查准率的案例匹配方法就显得尤为重要。

概念格理论（galois lattice，GL）是以序理论和完备格理论为基础，依据数据库中提供的基本信息建立起来的一种刻画对象与属性之间关系的数学结构[47]。

定义 6.1：假设给定形式背景 $K$ 为三元组 $K=(G,M,I)$。其中，$G$ 为所有对象（object）的集合，$M$ 为所有属性（attributes）的集合。$I \subseteq G \times M$，为 $G$ 和 $M$ 中元素之间关系的集合。对于 $g \in G, m \in M, (g,m) \in I$，表示"对象 $g$ 具有属性 $m$"。

定义 6.2：对于对象子集 $A \subseteq G$，定义：

$\forall A \in G$：$A' = f(A) = \{m \in M \mid \forall g \in A，(g，m) \in I\}$，表示："$A$ 中全体对象所共有的属性集"；

相应地，对于属性子集 $B \subseteq M$，定义 $B' = h(B) = \{g \in G \mid \forall m \in B，(g，m) \in I\}$，表示"同时具有 $B$ 中所有属性的对象的集合"。$K$ 的所有形式概念集合被标记为 $L(K)$。

定义 6.3：形式背景 $(G，M，I)$ 中的形式概念是一个序对 $C = (A，B)$，其中，$A \subseteq G$，$B \subseteq M$，若其满足：$A' = B$，$B' = A$，则 $A$，$B$ 分别称为形式概念 $(A，B)$ 的外延（extent）和内涵（intent）。用 $Intent(C)$ 来表示节点 $C$ 的内涵，用 $Extent(C)$ 表示节点 $C$ 的外延。

定义 6.4：如果 $C_1 = (A_1，B_1)$ 和 $C_2 = (A_2，B_2)$ 是一个形式背景的两个形式概念，如果 $A_1 \subseteq A_2$（等同于 $B_1 \supseteq B_2$），那么 $(A_1，B_1)$ 被称为是 $(A_2，B_2)$ 的子概念，$(A_2，B_2)$ 被称为 $(A_1，B_1)$ 的超概念，记为 $(A_1，B_1) \leqslant (A_2，B_2)$。关系 "$\leqslant$" 为形式概念之间的 "序"。

定义 6.5：如果 $C_1$ 是 $C_2$ 的子概念且不存在其他的节点 $C_3$ 满足 $C_1 \leqslant C_3 \leqslant C_2$，则称 $C_1$ 是 $C_2$ 的子节点（直接后继），而 $C_2$ 是 $C_1$ 的父节点（直接前驱）。按此方法构成的有序 $(G，M，I)$ 所有形式概念的集合构成的完备格称为概念格，表示为 $L(G，M，I)$。根据偏序关系可以生成格的 Hasse 图。

定义 6.6：关系 "$\leqslant$" 是集合 $L(K)$ 上的一个偏序，其相应的下确界和上确界定义为：

$$inf(A_t，B_t) = \bigwedge_{t \in T}(A_t，B_t) = (\bigcap_{t \in T} A_t，(\bigcup_{t \in T} B_t)'')$$

$$sup(A_t，B_t) = \bigwedge_{t \in T}(A_t，B_t) = ((\bigcup_{t \in T} A_t，)''，\bigcap_{t \in T} B_t)$$

其中，$(A_t，B_t) \in L(K)$，$T$ 是指标集。

表 6.2 为一个形式背景，其中 $G = \{1，2，3，4\}$，$M = \{a_1，a_2，a_3，b_1，b_2，b_3，c_1，c_2，d_1，d_2，d_3，d_4\}$，图 6.5 是相应的概念格的 Hasse 图。

**表 6.2　形式背景实例**

| 编号 | $A$ | $B$ | $C$ | $D$ |
| --- | --- | --- | --- | --- |
| 1 | $a_1$ | $b_1$ | $c_1$ | $d_1$ |
| 2 | $a_1$ | $b_2$ | $c_1$ | $d_2$ |
| 3 | $a_2$ | $b_1$ | $c_2$ | $d_3$ |
| 4 | $a_3$ | $b_3$ | $c_1$ | $d_4$ |

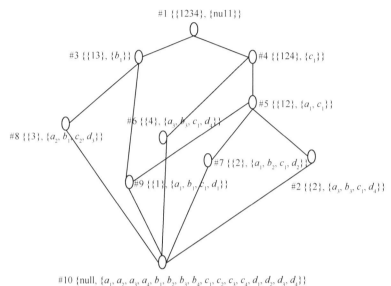

图 6.5　概念格 Hasse 图

不难发现，概念格的 Hasse 图展现的是概念之间的泛化与特化的偏序关系，每个概念以结点表示，如果概念 A 在概念 B 之上并且两者有关联，则称概念 A 是概念 B 的泛化，即概念 A 仅具有概念 B 的部分属性。从概念格的定义和性质可以看出，概念格不仅精确定义了概念，更重要的是它描述了概念之间的继承关系，这为度量概念的相似性提供了良好的数据结构和依据，因此将其应用于 CBR 的案例检索过程是可行的。

近年来，随着属性类型的不断丰富，传统的二值属性概念格已经不能满足实际应用的需要。作为扩展，文献［148］提出符号属性概念格，随后很多学者在此基础上作出进一步的研究[149-151]。但是，在当前大多复杂大系统（如油价波动产生的影响）案例库中，其属性具有多种不同的表现形式，在使用概念格对复杂多值背景进行研究时，需要采取更有效的解决方法。鉴于此，本书中提出混合概念格（multiple galois lattice，MGL）的方法，既解决了传统概念格方法只能解决标准化形式背景的缺陷，又很好地支持了案例检索过程，提高了案例推理的查全率和查准率。

2. 混合概念格的构造算法

关于概念格的构造算法，总的来说可以分为两类[152]，批处理构造算法

(batch algorithm)[153]和渐进式构造算法（incremental algorithm）[154]。实践证明，渐进式算法具有明显优良的性能[155]，此处也将采用渐进式思想构建混合概念格。

渐进式构造概念格就是在给定原始形式背景 $K=(G，M，I)$ 所对应的初始概念格 $L=(CS(K)，\leqslant)$ 以及新增对象 $x^*$ 的情况下，求解形式概念背景 $K^*=(G\bigcup\{x^*\}，M，I)$ 所对应的概念格 $L^*=(CS(K^*)，\leqslant)$。对于初始概念格中的每个节点，根据它和新增对象 $x^*$ 的特征集 $f(x^*)$ 之间的关系，可以定义它们的不同类型。

在构建复杂大系统的案例库时，其包含的属性及其取值范围已有较大扩展。将案例的属性按照其属性值的特征进行划分[156]，分为以下几种。确定数字属性：属性值为数字型，可以是连续的，也可以是离散的。确定符号属性：属性值通常为明确的术语。模糊数/区间属性：属性值为模糊数或是没有确定边界的模糊区间。模糊概念属性：属性值是概念变量，所有的属性值构成项目集，项目集中的每一个项目对应一个模糊概念。

针对不同的属性类型，采用不同的概念格构造算法。具体如下：

1）确定数字概念格

在已有的众多概念格构造算法中，一些确定数字型的属性往往会被舍弃，原因是它们不可归纳，不利于概念格的构造，并且会使得概念格扁平化，不利于发现概念间的泛化-特化关系[157]。但是，在案例检索过程中，数字属性往往是非常重要的，很多案例推理过程最终都是想要获得其中的某些数字结果（如油价上涨幅度对某些重要经济数据的影响），因此，对确定数字属性概念格的构建，在案例推理中是不能被忽略的。确定数字属性背景的概念格构造算法设计如下：

初始状态：设初始 Galois 格图中包含两个元素：$(G，\varnothing)$，$(\varnothing，M)$。假设需要添加进 Galois 格的形式概念为 $(\{x^*\}，\{f(x^*)\})$，$L_1$ 为原格节点，$L_2$ 为新增格节点，$L1^*$，$L2^*$ 分别为变化后的形式概念，下同。

```
/************************************************************
****************/
    BEGIN
for i= 0 to |M| - 1   /* 假设形式背景按照属性个数按升序排列* /
    C[i]= L where |G'(L)|= i;
end for;
```

```
/* Adjust Nodes* /
for i= 0 to |C|-1
    for j= 0 to i- 1
        ifG'(H) ⊂ f({x* }) then    /* modify nodes* /
            L⃰ₘ(H)(H) = ({G ∪ {x* }},M)·L* = ({x* ,f({x* })}),
                L⃰ₘ(H) → L* ·L⃰ₘ(H) → L·Lᴄ ← L⃰ₘ(H);
        else if f({x* }) ∩ G'(H) ≠ ∅    then   /* create new nodes* /
                L⃰ₙ(H) = (G(H) ∪ {x* },G'(H) ∩ f({x* }))·L* = ({x* ,f({x* })}),
                L⃰ₙ(H) → L* ·L⃰ₙ(H) → L·Lᴄ ← L⃰ₙ(H);
        else if f({x* }) = G'(H) then exit;   /* 若该属性集合已经出现,则不添加该节
点* /
    /* Adjust Edges* /
    for i= 0 to |M(Lᴄ)| - 1
        D[i] = Lᴄ    where |G'(Lᴄ)|= i;
    end for;   /* 集合 D 中存放的是 f({x* }) 所有子集的概念节点,同样按照属性个数的
升序排列 * /
    for each Lᴄ in D[i]
        if G'(Lᴄ) ⊂ f({x* })
            for each child of Lᴄ = Lᴄᶜʰⁱˡᵈ
                if G'(Lᴄᶜʰⁱˡᵈ) ⊂ f({x* }) then disconnect Lᴄ → L* and create edgeLᴄᶜʰⁱˡᵈ → L*
……
END
/*****************************************************************
***************/
```

2) 确定符号概念格

确定符号概念格属性的值域范围一般小于确定数字属性的值域范围,其概念格的构造过程与确定数字概念格构造过程相似,在此不再赘述。

3) 模糊数字概念格

常见的模糊数有两种:三角模糊数和梯形模糊数。由于三角模糊数是梯形模糊数的特例,因此本书主要研究梯形模糊数概念格。用 L-R 型函数作为其隶属度函数,表示如下:

$$\mu_M(x) = \begin{cases} L\left(\dfrac{m-x}{P}\right) & x \leqslant \underline{m} \\ 1 & \underline{m} \leqslant x \leqslant \bar{m} \\ R\left(\dfrac{x-\bar{m}}{q}\right) & x \geqslant \bar{m} \end{cases}$$

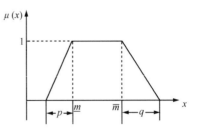

其中，$\bar{m}$，$\underline{m}$，$p$，$q$ 是参数，$p$，$q$ 的大小随属性的不同而不同，三角模糊数 $\underline{m} = \bar{m}$。在模糊数属性中，一般来说，$p = c\underline{m}$，$q = c\bar{m}$，默认 $c = 0.1$。模糊数字概念格构造算法如下：

初始状态：设初始时格中包含两个元素：$(G, \varnothing)$，$(\varnothing, M)$，设需要添加进 Galois 格的形式概念为 $(\{x*\}, \{f(x*)\})$。

/\*\*\*\*\*\*\*\*\*\*\*\*\*\*\*\*\*\*\*\*\*\*\*\*\*\*\*\*\*\*\*\*\*\*\*\*\*\*\*\*\*\*\*\*\*\*\*\*\*\*\*\*\*\*\*\*\*\*\*\*\*\*\*\*\*\*\*\*\*\*\*\*\*\*\*\*\*\*\*\*\*\*\*\*
\*\*\*\*\*\*\*\*\*\*\*\*\*\*\*\*/

```
BEGIN
for i= 0 to |M| - 1   /* 假设形式背景按照属性个数按升序排列* /
    C[i] = L where |G'(L)| = i;
end for;
/* Adjust Nodes* /
for i= 0 to |C|－1
    for j= 0 to i- 1
    ifG'(H) ⊆ f({x* }) then    /* modify nodes* /
        L*ₘ(H)(H) = ({G ∪ {x* }},M),L* = ({x* ,f({x* })}),
        L*ₘ(H) → L* ,L*ₘ(H) → L,L_c ← L*ₘ(H);
    and
```

/\* 在新增边上标明父子节点的隶属度,在此之前,先要对模糊形式背景进行处理,求出 $L1^*$．$L2^*$ 模糊数属性的各个参数：$\bar{m}_{L1}, \underline{m}_{L1}, p_{L1}, q_{L1}$ 及 $\bar{m}_{L2}, \underline{m}_{L2}, p_{L2}, q_{L2}$ \* / $m(L1^*) = \dfrac{q_{L1}\underline{m}_{L2} + p_{L2}\bar{m}_{L1}}{p_{L2} + q_{L1}}$, $m(L2^*) = 1 - \dfrac{m(L1^*) - \bar{m}_{L1}}{q_{L1}}$

membership $(L1^*, L2^*)$

$$= \begin{cases} 0 & \\ \dfrac{(\bar{m}_{L1} + q_{L1} - \underline{m}_{L2} + p_{L2})}{2} \times m(L2^*) & m(L2^*) \leqslant 0 \\ & 0 < m(L2^*) < 1, \\ \dfrac{2\bar{m}_{L1} + + q_{L1} - 2\underline{m}_{L2} + p_{L2}}{2} & m(L2^*) = 1 \end{cases}$$

```
else iff(({x* }) ⋂ G'(H) ≠ ∅    then   /* create new nodes* /
L*ₙ (H) = (G(H) ⋃ {x*}, G'(H) ⋂ f({x* })),L* = ({x*, f({x* })}),
L*ₙ (H) → L*,L*ₙ (H) → L,Lc ← L*ₙ (H);
```

and

$$m(L1^*) = \frac{q_{L1}m_{L2} + p_{L2}\tilde{m}_{L1}}{p_{L2} + q_{L1}}, m(L2^*) = 1 - \frac{m(L1^*) - \tilde{m}_{L1}}{q_{L1}}$$

```
membership(L1*,L2*)
```

$$= \begin{cases} 0 & m(L2^*) \leqslant 0 \\ \dfrac{(\tilde{m}_{L1} + q_{L1} - m_{L2} + p_{L2})}{2} \times m(L2^*) & 0 < m(L2^*) < 1, \\ \dfrac{2\tilde{m}_{L1} + + q_{L1} - 2m_{L2} + p_{L2}}{2} & m(L2^*) = 1 \end{cases}$$

/* 计算方法及过程参见文献[147]* /

```
else if f({x* }) = G'(H) then exit;   /* 若该属性集合已经出现,则不添加该节
点* /
/* Adjust Edges* /
for i= 0 to |M(Lc)| - 1
    D[i] = Lc   where |G'(Lc)| = i;
end for;   /* 集合 D 中存放的是 f({x* }) 所有子集的概念节点,同样按照属性个数的
升序排列 * /
for each Lc in D[i]
    if G'(Lc) ⊂ f({x* })
        for each child of Lc = L_c^{child}
                if G'(L_c^{child}) ⊂ f({x* }) then
                disconnectLc → L*  , create edgeL_c^{child} → L* ,
                and membership(L_c^{child},L* ) = membership(Lc,L* );
                ……
END
/*********************************************************************
****************/
```

4）模糊概念概念格

模糊概念概念格与模糊属性概念格的构造方法基本相似，所不同的是，模糊概念的梯形隶属度函数的参数 $p$、$q$ 往往由领域专家确定。鉴于篇幅限制，模糊概念属性的概念格构造也不再详述。

3. 混合概念格的相似性度量

从直观上来说，概念相似度可以由概念在概念格层次结构中的距离来度量，距离越大，其相似度越低；反之，两个概念背景在 Hasse 图中的距离越小，位置越接近，其相似程度就越大，因此，相似度是概念距离的单调递减函数；另外，概念所处的层次（即概念所处的深度），概念之间的相似程度随着它所处深度的增加而增加。因为层次越深，表示分类越细致，所以概念之间的相似程度就越高[158]。因此，可以将混合概念格的相似度定义如下：

设 $L_1(G_1，M_1，I)$ 和 $L_2(G_2，M_2，I)$ 为概念格中的两个形式背景，其相似度为：

$$\text{sim}(L_1，L_2) = \left[ \frac{|G(L_1) \bigcap G(L_2)|}{|G(L_1) \bigcup G(L_2)|} + \frac{|M(L_1) \bigcap M(L_2)|}{|M(L_1) \bigcup M(L_2)|} \times a \right] \times (1+b)^{(l_1+l_2)}$$

其中，$a = sim\_gm(L_1，L_2)$，$l_1$，$l_2$ 表示形式概念 $L_1$，$L_2$ 在 Hasse 图中所处的层次，$b$ 表示的是节点所处层次对相似性的影响程度，此处取 0.1。

# 6.5　石油价格波动对经济影响的预警知识库的仿真研究

## 6.5.1　jCOLIBRI 框架的结构

jCOLIBRI 的前身是 COLIBRI（case and ontology libraries integration for building reasoning infrastructures），是由 Belen Díaz-Agudo[159] 在其博士论文中提出的一种用来帮助进行知识管理的案例推理系统。随后，Belen Diaz-Agudo 等又在原来基础上，开发出基于 Java 平台的 jCOLIBRI 系统。该系统用于支持构建 CBR 系统，能够制定出符合用户需要的应用程序，并且通过添加本体库，支持系统的重用。jCOLIBRI 系统中包含大量的案例的检索方法，支持数据、文本、本体等多种属性描述方式，用户可以按照自身的要求从中选择恰当的推理方法。同时，jCOLIBRI 框架也支持用户自定义拓展，在遵循 jCOLIBRI 框架的设计基础上，开发者可以将新的知识库系统无缝地整合到已有系统中去。

本书提出的石油价格波动预警知识库系统是一个知识管理系统，该预警知识库系统的主要作用是发现在特定环境下的石油价格波动过程对我国经济造成的影响程度。系统在 Eclipse 框架下，采用 Java 语言编写而成，数据库采用的是 SQL Sever 2003。程序的主体部分包括 MyOilShock. java（主程序）、MyOilShockLoginDlg（用户登录程序）、MyOilShockDes（案例表示程序）、MyOilShockQuery（案例检索程序）、MyOilShockRes（检索结果程序）、MyOilShockSol（解决方案程序）、MyOilShockAddCase（添加案例程序）、MyOilShockRevise（案例修改程序）、oilshock. owl（石油价格波动诱因）、oilshock. sql（数据库文件）。现将石油价格波动预警知识库系统的主要界面介绍如下。

## 6.5.2　用户登录

用户登录界面是整个预警知识库的入口（图 6.6），一方面通过用户账号保障系统的安全性，另一方面通过对不同等级用户授予一定的权限，过滤一些外部非法用户的干扰，保障知识库内所有知识的准确性和有效性。

图 6.6　用户登录界面

## 6.5.3　案例表示

国际国内的政治、经济、军事、环境等事件影响了石油价格，使其产生波动，而石油价格的波动进一步影响了我国的经济情况。导致石油价格波动的因素众多，石油价格波动对经济带来的风险形成机制复杂，经济在风险发生的不同阶段表现各异。想要发现它们之间错综复杂的关联关系，一个合理有效的数据结构是必不可少的。

表 6.3 列出了石油价格波动对经济影响的预警知识库的数据结构。这一结构既是预警案例在数据库中的存储形式，也是待解决问题的案例描述方式。

**表 6.3　石油价格波动对经济影响的预警知识库数据结构**

| 序号 | | 字段名 | 取值类型 | 匹配算法 | 说明及举例 |
|---|---|---|---|---|---|
| 1 | 问题描述 | 案例编号 | 字符串（varchar） | | 案例库中案例的编号，区别案例的唯一依据，如 shock269 |
| 2 | | 发生时间 | 日期（datetime） | | 石油价格波动对经济造成影响的时间，如 2010-08 |
| 3 | | 石油价格波动诱因 | 本体（ontology） | 本体匹配算法，混合概念格匹配算法 | 引发石油价格波动的经济、环境、军事等因素，如伊拉克战争、极端寒冷天气 |
| 4 | | 石油价格 | 数值型（double） | 等值匹配算法、区间匹配算法、混合概念格匹配算法 | 各期石油价格，如 143.5 美元/桶 |
| 5 | | 国内生产总值 | 数值型（double） | 等值匹配算法、区间匹配算法、混合概念格匹配算法 | 国内生产总值数据，如 38 763.6 亿元 |
| 6 | | 消费者价格指数 | 数值型（double） | 等值匹配算法、区间匹配算法、混合概念格匹配算法 | 消费者价格指数数据，如 103.6 |
| 7 | | 进出口差额 | 数值型（double） | 等值匹配算法、区间匹配算法、混合概念格匹配算法 | 进出口差额数据，如 9.02 十亿美元 |
| 8 | | 失业率 | 数值型（double） | 等值匹配算法、区间匹配算法、混合概念格匹配算法 | 失业率数据，如 4.3 |
| 9 | 解描述 | 石油价格变化率 | 数值型（double） | 等值匹配算法、区间匹配算法、混合概念格匹配算法 | 国际油价的变化情况 |
| 10 | | 国内生产总值变化率 | 数值型（double） | 等值匹配算法、区间匹配算法、混合概念格匹配算法 | 国内生产总值的变化情况 |
| 11 | | 消费者价格指数变化率 | 数值型（double） | 等值匹配算法、区间匹配算法、混合概念格匹配算法 | 消费者价格指数的变化情况 |
| 12 | | 进出口差额变化率 | 数值型（double） | 等值匹配算法、区间匹配算法、混合概念格匹配算法 | 进出口差额的变化情况 |
| 13 | | 失业率变化率 | 数值型（double） | 等值匹配算法、区间匹配算法、混合概念格匹配算法 | 失业率的变化情况 |

　　待解决问题的案例化表述界面如图 6.7 所示。在案例的表示阶段，除了需要将待解决问题以案例的形式输入之外，还要确定案例中各个属性的检索方法以及

各个属性在整个案例中的权重。当用户选定"Interval"（区间匹配算法）时，还需要确定匹配的区间值。最后，系统还需要用户输入期望检索出案例的数量 $k$（缺省状态下默认为 3）。值得注意的是，本系统中的石油价格波动的诱因以本体模式表示，其中包含经济、军事、环境、政策及其他一些影响因素。

图 6.7　新问题的案例化描述

## 6.5.4　案例检索

由数据结构可知，本章构建的预警知识库系统的案例检索过程除了有混合概念格匹配算法之外，还有等值匹配算法、区间匹配算法以及专供本体属性使用的本体检索算法可供选择。6.5.3 节已经详细介绍了混合概念格的匹配算法，下面简要说明一下本体匹配算法、等值匹配算法及区间匹配算法各自的原理[1]。

### 1. 本体匹配算法

本书沿用了 jCOLIBRI 中提供的本体匹配算（OntoCBR）法，其主体思想是[160]：属性间的相似程度取决于各属性在概念层次中的位置。jCOLIBR 提供了两种检索算法：基于分类的检索算法和基于计算的检索算法，其中基于分类的检索算法又可分为基于概念分类的检索和基于实例发现的检索方法。本书采用的是基于实例发现的检索方法，其原理是：在检索某一实例时，将该实例所在类的所

---

① 本体匹配算法、等值匹配算法以及区间匹配算法的 JAVA 程序见附录五。

有实例全部检索出来，其对应的案例便是相似的案例。

2. 等值匹配算法

等值匹配算法（equal）是一个二值算法，即"非 0 即 1"型匹配算法。当待匹配案例与检索案例库中案例的某一属性值完全相同时取值为 1，否则取值为 0，多被用于数值型属性和文本型属性，但对文本型属性的匹配效果较差。其相似度的计算公式为：

$$sim(x，y) = \begin{cases} 1 & x = y \\ 0 & x \neq y \end{cases}$$

3. 区间匹配算法

区间匹配算法（interval）的匹配要求较等值匹配算法略宽松，其反应的是待匹配案例与案例库中案例在某一特定区间内的相似程度，适用于数值型属性。其相似度的计算方法为：

$$sim(x，y) = 1 - (|x - y| / interval)$$

其中，$x$，$y$ 分别代表待匹配案例属性和案例库中案例相应的属性值，$interval$ 表示的是预先设定的区间范围（即图 6.7 中的"参数"文本框中的数值）。

将待解决问题以案例的形式输入系统后，按照要求从案例库中检索出与之相似度最高的 $k$ 个案例，将其显示出来，检索结果如图 6.8。在描述案例检索结果时，分别以红色和绿色区分检索的结果，其中红色代表正值（属性值上涨），绿色代表负值（属性值下跌）。

## 6.5.5 案例学习

案例学习过程包括案例的修改和添加新案例两部分。在案例库构造的初始阶段，案例库中的案例非常有限。系统不断地学习新案例并调整已有案例，使得案例库不断丰富和完善。但是，并不是任何一个新的案例都会被加入案例库中，某一新案例是否能保存到案例库中，还需要得到领域专家的认可。这是因为没有经过实践证明的方案可能存在错误，直接存储到检索案例库中可能会对案例推理产生误导，导致类似案例的简单重复，从而降低案例检索的效率。此处采用的案例学习策略是：

假设新案例与案例库中已有案例的相似度为 $\{S_1，S_2，\cdots，S_n\}$，$S_i \in [0，1]$，当新案例被加到案例库中时，案例的学习过程可能出现如下几种情况：

（1）$S_1 = S_2 = \cdots = S_n = 0$，表明案例库中不存在与当前案例相似的案例，案

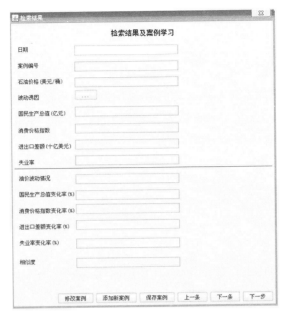

图 6.8　案例检索界面

例库中没有当前问题的解决方法，该新案例代表了某一个新问题，需要被添加进案例库中。

（2）案例库中存在某一案例 $S_i = 1$，表明案例库中存在一个与当前案例完全一致的案例，则抛弃新案例。

（3）存在某些案例，其相似度大于某一特定的阈值 $\xi$（需要领域专家参与），即 $S_i > \xi$，$\xi \in (0, 1)$，表明案例库中存在与当前案例非常相似的案例，则修改那个相似度最高的案例，并将其保存到案例库中。

（4）存在某些案例，其相似度小于某一特定的阈值 $\xi$（需要领域专家参与），即 $S_i < \xi$，$\xi \in (0, 1)$，表明案例库的案例与当前案例的相似度很小，则需要将该案例作为新案例添加到案例库中。

采用上述的案例学习策略，能够较好地避免预警案例库的过度膨胀，从而提高案例推理的效率。当选中"修改案例"按钮后，除"日期"及"案例编号"以外的其他文本框便表现为"活动"（avrive）状态，此时便可以对该编号的案例进行修改。如图 6.9 所示。当符合情况（1）或情况（4）时，需要添加新案例，案例添加界面如图 6.10 所示。

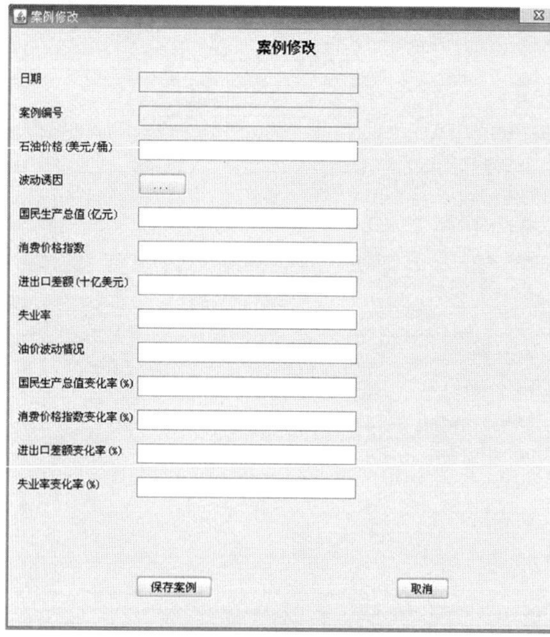

图 6.9　案例修改界面

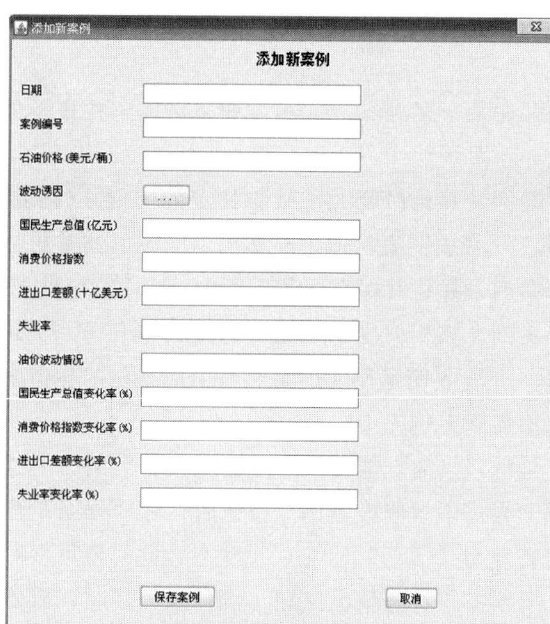

图 6.10　添加新案例界面

# 6.6　小　　结

本章从案例推理的内涵出发，首先阐明了将案例推理技术用于构造知识库的可行性，其次介绍了石油价格波动对经济影响的预警知识库的组成与工作原理。在构造知识库系统时，案例的表示和检索是需要解决的关键问题。本章对石油价格波动的诱因采用本体进行描述，以提高有关术语的共享和重用的能力，并设计出基于混合概念格的案例检索算法，提高案例检索的查全率和查准率。石油价格波动对经济影响的预警知识库构建在 jCOLIBRI 基础上，形成了一个基于 Java 平台的石油价格波动对经济影响的预警知识库，其中包括人机交互模块、系统维护模块、知识维护模块、案例推理模块以及案例管理模块，实现了案例表示、案例检索、案例修改及案例保存四大功能，基本实现了 CBR 系统工作的所有流程。

第 7 章将通过具体的案例来验证本章构建的预警知识库系统的准确性和有效性，并验证其预警功能。

# 第7章　石油价格波动对经济影响的预警
# 知识库案例研究

在构建了石油价格波动对经济影响的预警知识库后，有必要对其有效性进行检验。在确定其准确有效的前提下，模拟可能出现的石油价格危机，提出在某种诱因引发的油价波动的前提下，我国经济的可能走向，预先发出风险提示，使石油价格波动对经济影响的预警知识库真正发挥其知识管理和决策支持的作用。

## 7.1　知识库有效性验证的案例研究

为了验证案例库推理的有效性，以 1998 年亚洲金融危机为例，模拟当出现由经济危机引发的石油价格波动时，我国的经济会出现怎样的走势。通过将预警结果与实际油价及经济数据的对比，证明该预警知识库的有效性。

### 7.1.1　问题的背景

1997 年 6 月，泰国泰铢因被人为高估而受到国际投机者的大肆攻击，随着市场信心的不断下降和国际炒家的步步紧逼，泰国中央银行最终放弃了以外汇储备来维系联系汇率的做法，实行浮动汇率，1997 年 7 月 2 日当天，泰铢对美元的汇率便下降了 17%。随后，菲律宾、印度尼西亚、马来西亚也遭到攻击，各国货币大幅贬值。10 月，国际炒家移师香港，矛头直指香港联系汇率制，在此压力下，台湾当局突然弃守新台币汇率，港币和港股受到前所未有的压力，10 月 23 日，香港恒生指数大跌，并于 28 日跌破 9000 点大关。11 月中旬，韩国爆发金融风暴，韩元对美元汇率大跌，同时受到冲击的还有在韩国大量投资的日本金融业，1997 年下半年，日本的多家银行和证券公司相继破产，一场东南亚的金融风暴最终成为波及整个亚洲地区的金融危机。1998 年年初，印度尼西亚政府宣布执行印度尼西亚盾与美元的固定汇率联系汇率制，但此举遭到了国际货币基金组织及美欧国家的反对，印度尼西亚陷入政治、经济双重危机之中。与此同时，在亚洲经济中起关键作用的日本经济仍然不见起色，随着日元的大幅贬值，亚洲金融危机不断深化。1998 年 8 月，在美股动荡，日元汇率下跌之际，国际炒家再次对香港发动新一轮进攻，恒生指数一度跌至 6600 多点，香港金融管理局动用外汇基金进入股市和期货市场，吸纳国际炒家抛售的港币，尽一切力量维稳港币汇率，经过近一个月的苦战，国际炒家惨败。1999 年，金融危机结束。

## 7.1.2　案例推理的实例分析

在这一案例中，需要查询的问题是：1998 年 12 月，当国际石油价格为 11.35 美元/桶，我国的国内生产总值为 84 402.3 亿元，消费者价格指数为 99（取上期为 100），进出口差额为 22 亿美元，失业率为 3.6% 时，亚洲金融危机引发的石油价格波动过程将对我国经济产生何种影响？首先，需要将上述查询条件改写成知识库能够识别的形式，如图 7.1 （a） 所示。同时需要选择案例检索算法及各个属性的权重，提出期望检索到的案例个数。预警知识库的案例检索结果如图 7.1 （b） ~ （d） 所示。

在相似度最高的 （b） 案例中，石油价格出现了下跌，而另外两个案例显示石油价格仍将上涨。尤其需要注意的是，案例 （d） 搜索出，当石油价格下跌时，OPEC 可能会通过减产的方式来维护其自身的利益。这是因为，当经济危机爆发时，石油的消费量必然受到影响，因此，OPEC 会使用减产的方式使石油价格保持在一个较高的水平上。从对经济的影响来看，当经济危机出现时，我国的国内生产总值仍将上涨，而通胀指数在检索出的三个案例中也都呈现出下降的趋势，这也从另一方面说明了经济危机对我国经济总量的影响不是十分明显。以上这些结论，都可以从各项经济数据中得到验证：1998 年 12 月~1999 年 1 月，国际油价上涨 10.2%，我国 GDP 上涨 0.4%，CPI 下跌 0.2%，进出口差额下跌 33.3%，随后，进出口差额复苏于 1999 年 7 月。所有这些数据佐证了案例检索的结论，同时也证明了案例检索结果的有效性。

同时，在检索出的三个案例中，仅有图 7.1 （d） 中的进出口差额上涨，其余时期都是下降，而实际情况是，当经济危机爆发后，石油价格下跌，我国的进出口差额下降了 33%，因此，有必要对图 7.1 （d） 的案例检索结果进行修改，

图 7.1　经济危机爆发后油价及经济的变动情况预警模拟

注：图（a）为检索条件，图（b）～（d）为检索出的 3 个案例，并按案例的相似度由大到小排列

将其修改为图 7.2 所示的形式，并将其作为新案例保存进案例库中[①]。经检验，案例修改与保存功能能够实现。由此，案例推理知识库系统的有效性和准确性在一定程度上得到了验证。下文还需对混合概念格算法在提高案例检索查全率和查准率方面的作用作进一步的验证。

––––––––––––––

① 由于现实条件的制约，书中提出的案例的修改和保存阶段缺少领域专家的参与，这一步骤将在未来的研究中逐步进行完善。

图 7.2　案例修改

## 7.2　混合概念格算法有效性验证的案例研究

以 2008 年中国南方暴雪灾害为例，分析当我国出现大规模自然灾害后，石油价格波动情况及其对经济的影响幅度，并通过对比，判断 MGL 算法使用前后检索结果的变化情况，以验证混合概念格算法的有效性。

### 7.2.1 问题的背景

大自然的天气情况千变万化，利害并存，人类在改造自然、享受自然的同时，也会面临雪灾、洪灾、飓风等各种极端天气和自然灾害，这些也是引发石油价格波动的主要原因。例如，2005 年 8 月的卡特里纳飓风袭击美国墨西哥湾地区，对该地区的石油生产造成严重影响；又如 1995 年美国和欧洲地区遭遇的极寒天气，使得石油的消费量激增。极端天气，特别是发生在主要产油地区和主要石油消费区的极端天气和自然灾害，都将对石油价格产生影响。

2008 年 1 月中旬，一场罕见的大雪波及我国南方十余个省市。持续大范围的低温雨雪冰冻天气，造成能源供应中断，各地煤荒、油荒频现。2007 年 12 月～2008 年 3 月，国际石油价格上涨了 15%，同时，2008 年 1～3 月我国原油进口量为 4553.0 万吨，价值近 300.3 亿美元，分别同比增长 14.9% 和 90.6%[①]。暴雪灾害不仅对我国的自然灾害应急体系带来了挑战，也对我国的石油安全应急研究及对经济的预警体系提出更高的要求。当中国出现大规模的自然灾害后石油价格会如何波动？石油价格的这种波动对经济又会带来什么影响？这些都是需要考虑的问题。

## 7.2.2 MGL 算法运用前后检索结果对比

需要查询的问题是：2008 年 1 月，当国际石油价格为 41.12 美元/桶，我国的国内生产总值为 300 670 亿元，消费者价格指数为 101.2（取上期为 100），进出口差额为 390 亿美元，失业率为 4.3% 时，暴雪天气引发的石油价格波动过程将对我国经济产生何种影响？同样，首先需要将待解决问题表示成预警知识库系统能够识别的案例形式。图 7.3 和图 7.4 分别表示的是在采用区间检索算法及混合概念格检索算法时的案例检索结果，其中图（a）为检索条件，图（b）～（d）是检索结果。为了使得检索结果在同一条件下生成，在图 7.4 中，除修改了案例匹配算法外（本体属性除外），其余设置均保持不变，所有检索结果按照相似度由高到低排列。

检索结果显示，MGL 算法能够检索出与传统区间检索算法相同的案例，且检索结果的相似度要高于区间检索算法，因此，有理由认为，采用 MGL 算法的案例检索过程是合理有效的。若是增加检索案例的数量 $k$，还可以发现一些在传统案例检索算法中被遗漏的案例，只是由于篇幅限制，无法将其一一列举。至此，MGL 算法得到了验证。此外，在本体参与下的案例库检索系统，显示出了强大的联想记忆功能。除"暴雪灾害"以外，本知识库系统还检索出了同属于"环境"因素的"由于恶劣天气导致的北海原油产量下降"以及"飓风伊万对墨西哥湾的袭击"的案例。这也从另一方面证明了本体在知识库系统中的重要作用。

---

① 数据来源：中国海关总署，2008 年 3 月进口重点商品量，http：//www.customs.gov.cn/publish/portal0/tab2453/module72494/info107294.htm。

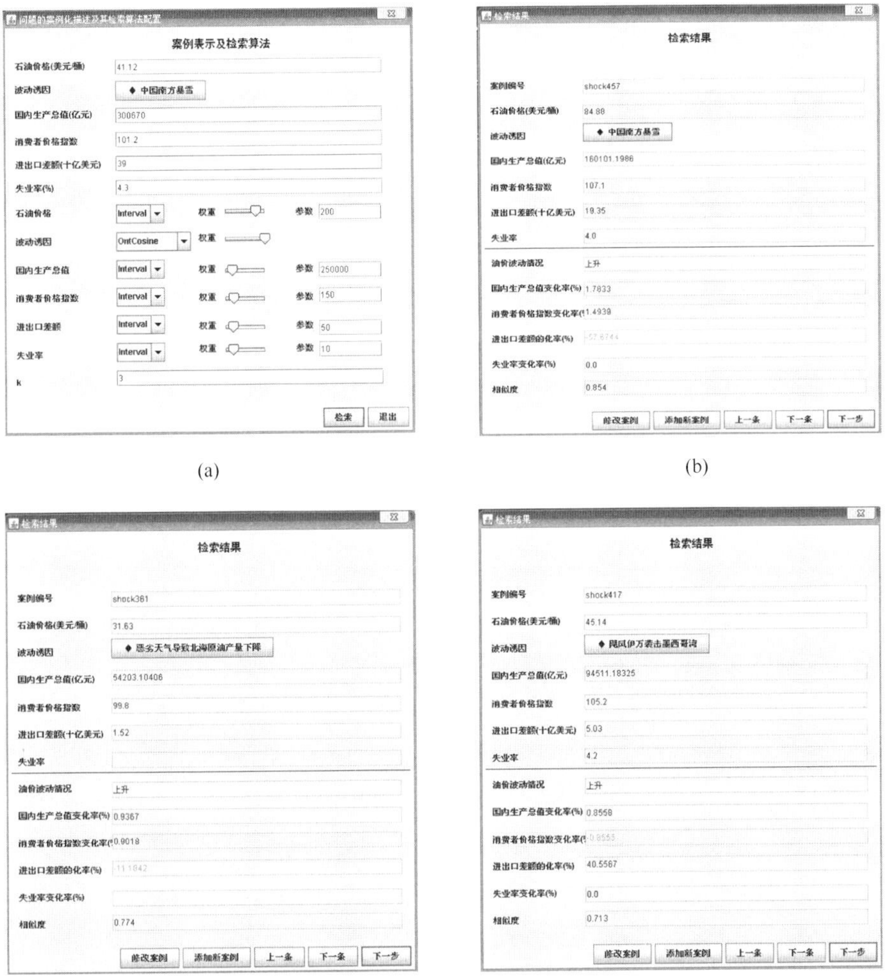

(a)　　　　　　　　　　　　　　　(b)

(c)　　　　　　　　　　　　　　　(d)

图 7.3　采用区间检索算法的案例检索结果（以南方暴雪为例）

当极端恶劣天气出现时，检索出来的 3 个案例均显示出石油价格的上涨趋势，但我国的国内生产总值却没有因此下降，仍然有较为明显的涨幅（GDP上涨 1‰左右）。2008 年的暴雪灾害（包括其他形式的极端天气）引发的油价波动过程对我国消费者价格指数和进出口领域的影响显然要更大，特别是进出口领域，下降幅度最大的甚至达到了−57.67‰（检索结果（b））。导致这一结果的原因可能有如下几个方面：首先，这次暴雪天气发生在 2008年春节前后，居民的集中采购在一定程度上加大了对食品、日用、家电等一系列消费品的需求，从而带动物价上涨；其次，恶劣天气使得交通运输业受到严重制约，农副产品等的供应短缺，在供需关系的影响下，导致我国物价出现了明显的上扬；最后，由于雪灾，大量原材料无法运输，迫使受灾地区工厂停工，而位于我国南方的广东、深圳等地正是我国制造业生产和出口密集地区，因此，雪灾严重影响了我国的进出口领域。

图 7.4　采用 MGL 检索算法的案例检索结果（以南方暴雪为例）

# 7.3　知识库预警能力的案例研究

## 7.3.1 问题的背景

美元是国际石油交易和结算的主要货币形式。因此，美元汇率的变动将直接对国际油价产生影响。美元贬值会使产油国的收入降低，而对于石油进口国来说，便意味着较少的石油进口支出。中国是一个石油进口大国，汇率问题不仅会影响到我国对石油进口的支出，而且会影响本国的经济情况，因此，中美汇率的博弈长期以来都是中美关系的焦点。

为了转嫁国内的经济危机和就业压力，提高本国的国际竞争力，从 2008 年开始，美国及欧洲一些国家不断就人民币低估问题向中国发难，而人民币又一次一次开始面临前所未有的升值压力。2005 年 7 月，人民币兑美元汇率便开始上涨（如图 7.5 所示）。2005 年年初，1 美元兑换 8.2765 人民币，当到 2009 年 9 月，1 美元仅兑换 6.8273 人民币。在当前人民币升值压力的作用下，人民币升值会对国际油价带来何种影响？产油国将如何应对？我国经济将有可能面临何种考验？石油价格波动预警知识库系统将提供详细的预警信息。

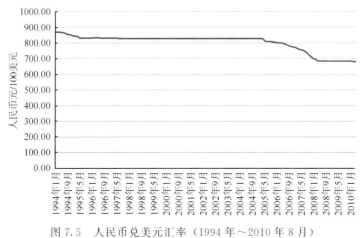

图 7.5　人民币兑美元汇率（1994 年～2010 年 8 月）

资料来源：国家外汇管理局

### 7.3.2　预警案例研究

需要查询的问题是：一旦 2010 年 8 月人民币升值，在国际石油价格为 76.67 美元/桶，我国的国内生产总值为 91 217.5 亿元，消费者价格指数为 103.5（取上期为 100），进出口差额为 200.7 亿美元，失业率为 4.2％时，由人民币升值引发的石油价格波动过程将对我国经济产生何种影响？预警结果如图 7.6（a）～（d）所示。

图 7.6　人民币升值引发油价及经济的变动情况预警模拟

　　由预警结果可知，我国受人民币升值影响最为显著的是进出口领域，在 3 个检索结果中，进出口差额无一例外地下跌，下跌幅度最大的达到 18.55%。我国是一个出口大国，低廉的价格是我国出口商品最大的优势。一旦人民币升值，必将导致我国产品出口价格的提高，其结果是，或者我国的出口产品失去价格竞争的优势，或者降低我国出口产品的价格，无论哪种结果，都将对我国进出口额带来巨大的负面影响。一旦人民币升值，或许扩大内需是解决这一问题最有效的方法，将"外向推动型"经济战略转变为"内需拉动型"经济战略，有助于出口企业合理消化过量产能。传统的"外向推动型"企业大多生产的是民生产品，一旦它们将目光转移到国内，将会看到一个供求潜力巨大的市场。同时，中央和各级政府应当给这些企业一些适当的政策扶持，在解决对外出口困境的同时，改善国内消费者的生活质量，让老百姓也能切实体会到人民币升值带来的好处。

　　人民币升值对通货膨胀的影响不容忽视。一般认为，人民币升值会导致通货紧缩，但预警知识库的检索结果显示，人民币升值很有可能造成通货膨胀的出现（如图 7.6（c）、（d）所示）。这就需要详细探讨人民币升值和通货膨胀更深的内部关联。中国现行的外汇政策，对外汇兑换人民币的管制相对宽松，在人民币不断升值的前提下，将吸引大量的海外游资进入中国，一旦超过了现有人民币的数量，中央银行便会被迫发行更多的人民币。这样，国内货币的发行量便会超过实物生产的增长量，从而导致单位人民币的购买力下降，通货膨胀就此形成。为了减少当人民币升值后可能出现的大量外币涌入所带来的通货膨胀的预期，应当适当增加外汇兑换人民币的限制，提高人民币兑换的门槛，防止投机资金对我国经济带来的冲击。

# 7.4　小　　结

　　本章对石油价格波动对经济影响的预警知识库进行案例研究，以验证预警知识库的有效性。首先，分别对经济危机、自然灾害引发的石油价格波动对经济可能带来的影响进行预警研究。研究结果显示，提出的预警信号基本符合实际经济的走势，从而证明了本书构建的石油价格波动预警知识库系统是可行的。其次，通过对混合概念格匹配算法与传统案例匹配算法的检索结果进行对比，验证了 MGL 检索算法在提高案例检索查全率和查准率时的有效性。最后，以人民币升值为研究背景，对人民币升值后国际石油价格波动情况以及对中国经济可能带来的影响进行预警，结果指出，一旦人民币升值，首先受到影响的是我国的进出口领域，扩大内需的方法既能转移过剩的产能，同时又能让普通消费者享受人民币升值带来的好处。另外，人民币升值可能引发大量外币热钱的涌入，从而带来通货膨胀，应当适当提高外币兑换人民币的门槛，防止人民币升值给我国经济带来的冲击。

# 第 8 章　总结与研究展望

改革开放以来，我国的国民经济快速发展，但是由于受到本国储量和产能的双重制约，我国的石油进口量增长迅速，对外依存度逐年递增。然而，我国缺乏国际石油定价权，对国际石油价格只能被动接受，由此带来了巨大的石油进口风险，特别是 1993 年中国成为石油净进口国以来，油价波动对我国经济的方方面面带来了巨大的冲击和挑战。一个价格不断波动的国际石油市场既不符合中国自身的经济利益也不符合一个大国对国际经济的稳定发展所应承担的责任。预警是防止和转移石油价格波动对经济造成负面影响的有效手段，但是，由于石油价格和经济两者的特殊性，传统的预警理论无法有效解决石油价格波动对经济的影响这一复杂问题，由此引发了作者对石油价格波动对经济影响展开预警研究的兴趣。

本书围绕石油价格波动对宏观经济的影响展开研究，借助数据挖掘和人工智能的方法对油价-经济的关联关系进行预警分析，探讨了石油价格波动的特征，石油价格波动对经济的离群影响，油价波动对经济影响程度的量化分析，最终构建了油价波动对经济影响的预警知识库，并以实际案例分析预警知识库的有效性。研究结果一方面有助于发现潜在的石油价格波动危机，另一方面也有助于增强我国经济在面对石油价格波动时的抗风险能力，保障国家的稳定发展。

现将本书的主要工作和创新点总结如下。

## 8.1　主 要 工 作

（1）采用 Hilbert-Huang 频谱分析法，对石油价格波动过程进行深入研究，发现其波动规律，并构建预警分级机制，为预警知识库提供周期选择的依据。

采用 Hilbert-Huang 频谱分析方法，研究了 1986 年 1 月～2009 年 9 月美国纽约商品交易所（NYMEX）的 WTI 原油周平均价格，共 1239 个事件期作为样本数据的周期性波动规律，为石油价格波动对经济影响的预警知识库提供周期选择的依据，并构建了预警分级机制。一方面，通过对已经发生的波动过程的验证，证明了此预警分级机制的可靠性；另一方面，借助预警分级机制，对未来可能出现的石油价格危机提出预警提示，显示出该预警分级机制具有良好的前瞻性。基于 Hilbert-Huang 变换的石油价格波动预警分级机制直接从石油价格本身出发，提出预警提示，减少了传统预警体系中人的主观因素的影响，是对传统预警分析方法的改进和补充。

（2）提出一种新的高维离群点的检测算法——AHHDOD 算法，将石油价格波动与经济波动情况实行联动研究，发现出石油价格波动对经济的离群影响，为预警知识库提供典型案例。

油价波动是一个常态，而油价的异常波动必然对经济产生明显的离群影响，要发现受到油价影响的经济领域，必须对石油价格波动及经济的变化展开离群检测。石油价格波动对经济的离群影响是一个高维问题，鉴于此，本书提出了一种新的高维离群检测算法——AHHDOD 算法，对经济的离群检测过程进行模拟，发现在研究事件期中与油价波动过程同时出现离群的经济领域，并通过国际比较，发现不同国家经济受石油价格波动影响的离群程度，为知识库构造提供了值得重点关注的典型案例。

（3）采用事件分析法，定量分析石油价格波动对经济产生的影响，并展开国际比较。

全面考虑石油价格上涨和下跌事件对宏观经济的影响，选取 6 大石油消费国（及组织）——中国、美国、日本、印度、俄罗斯，以及欧盟 27 国的 5 组常用经济指标——GDP、失业率、进口商品总额、出口商品总额、通货膨胀率，研究各国（地区）在事件窗内，各自经济受石油价格波动影响的趋势和显著程度。同时，通过横向对比，判断出在油价上涨和下跌时，与中国经济的波动趋势最为接近的国家，从而得出我国经济在油价突变时期的应对政策建议。结果表明，各国经济受油价上涨和下跌的影响是非对称的，不管是从广度（油价波动影响的经济领域）还是从深度（在油价异常波动期间各国经济变化的幅度）上来看，油价上涨对经济的影响明显高于油价下跌的影响。另外，油价上涨和下跌阶段与中国经济变动趋势最为相近的国家（地区）分别是印度和欧盟，因此其在应对石油价格危机时的举措更加值得借鉴。

（4）构建石油价格波动预警知识库系统，并开展案例研究。

传统方法在对石油价格波动对经济造成的影响进行预警分析时，往往会遇到如下问题：预警信号构成复杂（虽然石油价格波动会对经济造成影响，但是影响的程度却不尽相同），预警信号发现困难（石油价格波动发生频率和幅度并不是按照某种顺序或流程而组织的），除非决策者能将如此众多的文件内容完全掌握（不太现实），否则无法对石油价格波动过程与经济进行直接关联并形成综合判断。鉴于此，论文采用数据挖掘和人工智能的方法，对石油价格波动对宏观经济的影响构造知识库，并借助以往经验对当前情况展开案例分析。一方面，以经济危机和南方暴雪为例，通过与实际情况的对比，验证了该预警知识库系统的有效性；另一方面，以可能出现的人民币升值为研究案例，对石油价格的波动情况以及未来经济的走向进行预测。

## 8.2　研 究 展 望

本书应用经济学、运筹学和人工智能领域的一些经典理论和方法，研究了油价波动的周期性特征、油价-经济联动波动的离群特点、油价-经济关联关系的定量描述以及石油价格波动的预警知识库系统研究等若干问题，基本完成了研究之初所设定的目标。但是，石油价格波动对经济的影响问题是一个涉及政治、经济、外交、军事等多方面的复杂问题，因此，目前的工作仅是一项探索性的工作，还有许多工作有待于进一步完善：

（1）关于石油价格波动预警分级对经济影响程度的研究。虽然本书提出石油价格波动的分级机制，并对石油价格波动过程中经济的变化情况提出定量的分析，但是，本书提出的不同等级的波动过程对我国经济的影响程度是否存在不同？是否预警等级越高的波动过程对经济产生的影响越大？还有待进一步的验证。

（2）构建石油价格波动对经济影响的预警知识库系统目前还处于起步阶段，尚存在诸多不足之处，数据的获取、案例库的规模，以及案例检索手段的多样性等，都制约了案例库在检索过程中的查全率和查准率。但是，知识库系统自身所具有的自学习和自适应的特点决定了在今后的探索过程中，案例库将不断得到发展和完善，知识库系统所得结论的参考价值将越来越明显。

（3）文中所构建的知识库系统尚缺乏领域专家的参与。知识库的案例检索过程是一个交互的过程，属于无监督学习方法，需要借助领域专家的知识帮助用户鉴别典型信息。由于目前国际国内还没有可以直接利用的数据集和成熟案例可以借鉴，因此对一些专业领域的预警内容尚缺乏准确的判断，这还需要借鉴专家的参与，对知识库中的案例及预警信号进行甄别和完善。

　　本书围绕石油价格安全，以石油价格波动与经济的关联为研究对象，提出和解决了石油价格波动对经济影响的预警问题，是一个严密的逻辑分析过程。当然本书的研究中还存在着不足和缺陷，诸多问题仍有待以后进一步的深入研究，同时本书也是抛砖引玉，希望引起学术界和政策制定部门对石油安全问题的重视以及对石油价格危机对经济影响研究的共鸣。

## 参 考 文 献

[1] Hamilton J D. Oil and the macroeconomy since World War II. Journal of Political Economy, 1983, 91 (2): 228-248.

[2] 张雪慧. 当前国际油价地位运行的原因及影响分析. 价格理论与实践, 2009, (1): 48.

[3] 雷家骕. 国家经济安全理论与方法. 北京: 经济科学出版社, 2000.

[4] Hotelling H. The economics of exhaustible resources. Journal of Political Economy, 1931, 39 (2): 137-175.

[5] Roumasset J, Isaak D, Fesharaki F. Oil price without OPEC: a walk on the supply-side. Energy Economics, 1983, 5 (3): 164-170.

[6] Tomatate T. Simulation study on falling oil prices: supply-demand and prices scenarios to 2000. Energy Policy, 1986, 14 (6): 571-574.

[7] Gallo A, Mason P, Shapiro S, et al. What is behind the increase in oil prices? Analyzing oil consumption and supply relationship with oil price. Energy, 2010, 35 (10): 4126-4141.

[8] Chapman D, Khanna N. World oil: the growing case for international policy. Contemporary Economic Policy January, 2000, 18 (1): 1-13.

[9] De Santis R. Crude oil price fluctuations and Saudi Arabia's behaviour. Energy Economics, 2003, 25 (2): 155-173.

[10] Jabir I. The shift in US oil demand and its impact on OPEC's market share. Energy Economics, 2001, 23 (6): 659-666.

[11] Zhang X, Yu L A, Wang S Y, et al. Estimating the impact of extreme events on crude oil price: An EMD-based event analysis method. Energy Economics, 2009, 31 (5): 768-778.

[12] Carbedo J D, Moya I. Estimating oil price "value at risk" using the historical simulation approach. Energy Economics, 2003, 25 (3): 239-253.

[13] Mirmirani S, Li H C. A comparison of VAR and neural networks with genetic algorithm in forecasting price of oil. Advances in Econometrics, 2004, 19: 203-223.

[14] Yu L A, Wang S Y, Lai K K. Forecasting crude oil price with an EMD-based neural network ensemble learning paradigm. Energy Economics, 2008, 30 (5): 2623-2635.

[15] Kang S H, Kang S M, Yoon S M. Forecasting volatility of crude oil markets. Energy Economics, 2009, 31 (1): 119-125.

[16] Huang Bwo-Nung, Yang C W, et al. The dynamics of a nonlinear relationship between crude oil spot and futures prices: A multivariate threshold regression approach. Energy

Economics，2009，31（1）：91-98.

[17] Ghaffari A，Zare S. A novel algorithm for prediction of crude oil price variation based on soft computing. Energy Economics，2009，31（4）：531-536.

[18] Cifarelli G，Paladino G. Oil price dynamics and speculation：A multivariate financial approach. Energy Economics，2010，32（2）：363-372.

[19] 梁强，范英，魏一鸣. 基于小波分析的石油价格长期趋势预测方法及其实证研究. 中国管理科学，2005，13（1）：30-36.

[20] 程雪婷，齐中英. 国际石油价格波动中的奇异吸引子分析. 管理工程学报，2005，19（2）：75-79.

[21] 陈洪涛，顾荣宝，周德群. 基于 MF-DFA 的国际原油价格多重分形特征研究. 复杂系统与复杂性科学，2009，6（3）：40-49.

[22] 程刚，张珣，汪寿阳. 原油期货价格对现货价格的预测准确性分析. 系统工程理论与实践，2009，29（8）：11-18.

[23] 陈卫东，徐华，郭琦. 国际石油价格复杂网络的动力学拓扑性质. 物理学报，2010，59（7）：4514-4523.

[24] Darby M R. The price of oil and world inflation and recession. American Economic Review，1982，72（4）：738-751.

[25] Burbidge J，Harrison A. Testing for the effects of oil-price rises using vector autoregressions. International Economic Review，1984，23（2）：459-484.

[26] Mork K A. Oil and the macroeconomy when prices go up and down：an extension of Hamilton's results. Journal of Political Economy，1989，97（3）：740-744.

[27] Mork K A，Mysen H T，Olsen Ø. Business cycles and oil price fluctuations：some evidence for six OECD countries//Bjerkholt O，Olsen Ø，Vislie J. Recent Modelling Approaches in Applied Energy Economics. London：Chapman & Hall，1990.

[28] Mork K A，Mysen H T，Olsen Ø. Macroeconomic responses to oil price increases and decreases in seven OECD countries. The Energy Journal，1994，15（4）：19-35.

[29] Hooker M A. What happened to oil - price relationship? Journal of Monetary Economics，1996，38（2）：195-213.

[30] Hooker M A. Are oil shocks inflationary? Asymmetric and nonlinear specification versus changes in regime. Federal Reserve Board Working paper，1999.

[31] Hamilton J. What Is an Oil Shock? NBER Working Paper，No. 7757，June 2000.

[32] Woodford M. Imperfect competition and the effects of energy price in Creases On economic activity. Journal of Money，Credit and Banking，1996，28（4）：549-577.

[33] Finn M G. Perfect competition and the effects of energy price increase on economic activity.

Journal of Money，Credit and Banking，2000，32（3）：

[34] Brown S P A，Yücel M K. Energy prices and aggregate economic activity：an interpretative Survey. Quarterly Review of Economics and Finance，2002，42：27-52.

[35] Allan C，Hooker M，Oswald A. Unemployment equilibria and input prices：theory and evidence from the United States. The Review of Economics and Statistics，1998，80（4）：621-628.

[36] 陈达忠. 原油价格对经济影响的非对称性——文献综述. 国际石油经济，2005，13（8）：36-39.

[37] Jones D，Leiby P，Paik I. Oil price shocks and the macroeconomy：what has been learned since 1996. The Energy Journal，2004，25（2）：1-32.

[38] Lee K，Shawn N，Ratti R A. Oil shocks and the macroeconomy：the role of price variability. The Energy Journal，1995，16（4）：39-56.

[39] Lee B R，Lee K，Ratti R A. Monetary policy，oil price shocks，and the Japanese economy. Japan and the World Economy，2001，13（3）：321-349.

[40] Chang Y，Wong J F. Oil price fluctuations and Singapore economy. Energy Policy，2003，31（11）：1151-1165.

[41] Cunado J，Pérez de Gracia F. Oil prices，economic activity and inflation：evidence for some Asian countries. The Quarterly Review of Economics and Finance，2005，45（1）：65-83.

[42] Farzanegan M R，Markwardt G. The effects of oil price shocks on the Iranian economy. Energy Economics，2009，31（1）：134-151.

[43] 陈波. 石油价格上涨对世界经济的影响及对策. 中国煤炭，2000，26（10）：32-35.

[44] 于伟，尹敬东. 国际原油价格冲击对我国经济影响的实证分析. 产业经济研究，2005，（6）：11-19.

[45] 刘希宋，陈蕊. 石油价格对国民经济波及效应研究. 经济师，2004，3：9-10.

[46] 刘亦文，胡宗义. 国际油价波动对我国经济影响的 CGE 分析. 经济数学，2009，26（4）：76-83.

[47] 黄赜琳. 国际石油价格波动对我国经济的影响. 统计与决策，2006（8）：86-88.

[48] 王梓薇，刘铁忠. 石油价格安全与 GDP 波动的相关性研究. 价格理论与实践，2007，（2）：30，31.

[49] 宋洁琼. 石油价格波动对中国经济增长的影响. 上海交通大学硕士学位论文，2007.

[50] 魏一鸣，焦建玲，梁强，等. 油价长期高位对我国社会经济的影响与对策. 中国科学院院刊，2008，（1）：11-15.

[51] 韩智勇，魏一鸣，焦建玲，等. 中国能源消费与经济增长的协整性与因果关系分析. 系统工程，2004，22（12）：17-21.

[52] 童光荣，姜松. 基于非线性高斯随场动态模型的石油价格波动影响研究. 中国软科学，2008（4）：127-133.

[53] 吴丽丽. 石油价格对中国经济增长影响研究的数据处理问题. 管理观察，2008，(8)：193.

[54] 田新翠，雷钦礼，吕月英. 基于非均衡理论研究国际石油价格波动对中国经济的影响. 数理统计与管理，2010，29（2）：294-304.

[55] IEA. IEA Response System for Oil Supply Emergencies，2008，12.

[56] 杨敏英. IEA各国的石油安全应急对策体系（一）——石油安全应急对策体系的必要性. 中国能源，2002，(3)：15-17.

[57] S,en S,，Babali T. Security concerns in the Middle East for oil supply: problems and solutions. Energy Policy，2007，35（3）：1517-1524.

[58] Srivastava A，Gupta J P. New methodologies for security risk assessment of oil and gas industry. Process safety and environmental protection，2010，88：407-412.

[59] Greene D L. Measuring energy security: Can the United States achieve oil independence? Energy Policy，2010，38（4）：1614-1621.

[60] 吴巧生，王华，成金华. 中国可持续发展油气资源安全态势. 中国工业经济，2003，(12)：48-56.

[61] 刘钰，田泽. 石油企业经济安全与预警对策初探. 石油大学学报（社会科学版），2003，19（4）：38-42.

[62] 崔新健. 中国石油安全的战略抉择分析. 财经研究，2004，30（5）：130-137.

[63] 张抗. 建立石油安全预警系统势在必行. 国际石油经济，2004，12（l）：49-50.

[64] 范秋芳，顾光彩，马扬. 石油企业生产经营系统监测预警指标体系和预警方法研究. 运筹与管理，2006，15（1）：105-110.

[65] 潘慧峰，张金水. 用VaR度量石油市场的极端风险. 运筹与管理，2006，15（5）：94-98.

[66] 范秋芳. 基于BP神经网络的中国石油安全预警研究. 运筹与管理，2007，16（5）：100-105.

[67] 刘源，艾利娜. 试论石油安全预警法律机制的构建. 华东理工大学学报（社会科学版），2008，23（3）：51-56.

[68] 王礼茂，方叶兵. 国家石油安全评估指标体系的构建. 自然资源学报，2008，23（5）：821-831.

[69] 杨光. 石油供应安全的国际经验及其对中国的启示. 西亚非洲，2009，10：17-22.

[70] Samuels R. 1997. Securing Asian energy investments. The MIT Japan Program Science, Technology and Management Report，1997.

[71] Asia Pacific Energy Research Centre（APERC）. A Quest for Energy Security in the 21st century：Institute of energy economics，Japan，2007.

[72] Kruyt B，van Vuuren D P，de Vries H J M，et al. Indicators for energy security. Energy Policy，2009，（37）：2166-2181.

[73] 吴磊. 中国石油安全. 北京：中国社会科学出版社，2003.

[74] Ogawa Y. Proposals on measures for reducing Asian Premium of crude oil. Monograph TokyoIEEJ，Nov. 2003.

[75] 李辉. 石油国际贸易中的"亚洲升水"问题. 中国金融，2005，23：20，21.

[76] Soga M. Regional cooperation for resolving the "Asian Premium". KEEI-IEA Conference，March 16-17，2004.

[77] 李辉. 浅谈石油定价权问题. 上海期货交易所研究报告，2005.

[78] 吴巧生，王华，成金华. 可持续发展油气资源安全系统研究. 武汉：湖北人民出版社，2004.

[79] 陈洪涛. 石油期货市场多重分析特征及其相关问题研究. 南京航空航天大学博士学位论文，2009.

[80] 张意翔，孙涵，成金华. 国内外原油价格关系的动态分析. 管理学报，2007（4）：453-459.

[81] 梁强，范英，魏一鸣. 油价结构与奇异性分析. 管理评论，2006，（2）：15-19.

[82] Bahram A，Arjun C，Kanwalroop K D，et al. Chaos in oil prices：evidence from futures markets. Energy Economics，2001，23（4）：405-425.

[83] Epaminondas P，Vassilia N. Are oil markets chaotic? A non-linear dynamic analysis. Energy Economics，2000，22（5）：549-568.

[84] Huang N E，Shen Z，Long S R. The empirical mode decomposition and the Hilbert spectrum for nonlinear and non-stationary time series analysis：The empirical mode decomposition and Hilbert spectral analysis. The royal society，1998，（454）：903-995.

[85] Huang N E，Wu M L，Qu W D，et al. Application of Hilbert-Huang transform to non-stationary financial time series analysis. Applied stochastic models in business and industry，2003，（19）：245-268.

[86] 李鸿光，孟光. 基于经验模式分解的混沌干扰下谐波信号的提取方法. 物理学报，2004，53（7）：2069-2073.

[87] 赵惟，范海兰. 石油价格波动规律及其预警识别体系研究. 中国工业经济，2008，（11）：66-77.

[88] OECD. Handbook on constructing composite indicators：methodology and user guide，2008.

[89] Knorr E M，Ng R T. Algorithms for mining distance-based outliers in large datasets. New York：Proc. Of Int. Conf. Very Large Data-Bases（VLDB'98），1998：392-403.

[90] Hawkins D. Identification of Outliers. London：Chapman and Hall，1980.

[91] 黄洪宇，林甲祥，陈崇成，等. 离群数据挖掘综述. 计算机应用研究.2006，23（8）：8-13.

[92] Barnett V，Lewis T. Outliers in Statistical Data. New York：John Wiley & Sons，1994.

[93] Knorr E M，Ng R T. Finding intensional knowledge of distance-based outliers. Proceedings of the 25th International Conference on Very Large Data Bases. Morgan Kaufmann Publishers Inc. San Francisco，CA，USA，1999：211-222.

[94] Jiang S Y，Li Q H，Li K L，et al. GLOF：A new approach for mining local outlier. International Conference on Machine Learning and Cybernetics，2003：157-162.

[95] Breunig M，Kriegel H P，Ng R T，et al. LOF：Identifying Density-Based Local Outliers. Zytkow J M，Rauch. Proc. of the 3rd European Conference on Principles and Practice of Knowledge Discovery in Data bases，Lecture Notes in Computer Science 1704. Prague：Springer，1999：262-270.

[96] Papadimitriou S，Kitagawa H，et al. LOCI：Fast outlier detection using the local correlation integral. The 19th International Conference on Data Engineering，2003.

[97] Arning A，Agrawal R，Raghavan P. A linear method for deviation detection in large databases. Proc. of 1996 Int. Conf. Data Mining and Knowledge（Special Issue on High Performance Data Mining），2000.

[98] Sarawagi S，Agrawal R，Megiddo N. Discovery—driven Exploration of OLAP Data Cubes. Valencia：Proc. of Int. Conf. Extending Database Technology（EDBT'98），1998：168-182.

[99] Jagadish H V，Koudas N，Muthukrishnan S. Mining Deviants in a Time Series Databases. Edinburgh：Proc. of Int，Conf. Very Large Databases（VLDB'99），1999：102-113.

[100] 郑建国，焦李成. 偏差检测挖掘方法研究. 计算机工程，2001，27（8）：33-35

[101] Hinneburg A，Aggarwal C C，Keimm D A. What is nearest neighbor in high dimensional spaces? Proceedings of the 26th International Conference on Very Large Data Bases. Cairo：Morgan Kaufmann，2000：506-515.

[102] Aggaewal C C，Yu P. Finding generalized projected clusters in high dimensional spaces. Proceedings of the ACM SIGMOD International Conference on Management of Data. Dallas，Texas：ACM Press，2000：70-81.

[103] Agrawal R，Gehrke J，Gunopulos D. et al. Automatic subspace clustering of high dimensional data for data mining applications//Haas L M，Tiwary A. Proceedings of the

ACM SIGMOD International Conference on Management of Data. Washington D C.：
ACM Press，1998：94-105.

[104] Dorigo M，Maniezzo V，Colorni A. The ant system：optimization by a colony of cooperating agents. IEEE Transactions On Systems，Man and Cybernetics，1996，26（1）：29-41.

[105] Dorigo M，Gambardella L M. Ant colony system：a cooperative learning approach to the traveling salesman problem. On Evolutionary Computation，1997，1（1）：53-66.

[106] Bonabeau E，Dorigo M，Theraulaz G. Inspiration for optimization from social insect behavior. Nature，2000，406（6）：39-42.

[107] Jackson D E，Holcombe M，Ratnieks F L W. Train geometry gives polarity to ant foraging networks. Nature，2004，432（7019）：907-909.

[108] 段海滨，王道波，朱家强，等. 蚁群算法理论及应用研究的进展. 控制与决策，2004，19（12）：1321-1326，1340.

[109] Han E H，Karypis G，Kumar V，et al. Clustering in a high-dimensional space using hypergraph models. Technical Report，TR-97-063，Minneapolis：Department of Computer Science，University of Minnesota，1997.

[110] 魏藜，宫学庆，钱卫宁，等. 高维空间中的离群点发现. 软件学报，2002，13（2）：280-291.

[111] 鞠可一，周德群，张玉强. 高维离群检测算法及其应用. 系统工程，2008，26（11）：116-122.

[112] 方健敏，张文平. 国际石油价格波动的宏观经济效应及对策. 经济纵横，2005（10）：48-50.

[113] Wikipedia. Chronology of world oil market events（1970-2005）. https：//en. wikipedia. org/wiki/Chronology _ of _ world _ oil _ market _ events _（1970％E2％80％932005），2015-06-06.

[114] 张珣，余乐安，黎建强，等. 重大突发事件对原油价格的影响. 系统工程理论与实践，2009，3（29）：10-15.

[115] 张雪慧. 当前国际油价地位运行的原因及影响分析. 价格理论与实践. 2009（1）：49.

[116] 左辉. 基于事件研究的股票数据挖掘. 西南交通大学硕士学位论文. 2008.

[117] Mackinlay A C. Event studies in economics and finance. Journal of Economic Literature，1997，35：13-39.

[118] Mork K A. Oil and the macroeconomy when prices go up and down：an extension of Hamilton's results. Journal of Political Economy，1989，97（3）：740-744.

[119] 瞿信柏. 中印能源安全现状与合作前景. 中国经济时报，2007-06-15.

[120] 郭艳红，邓贵仕. 基于事例的推理CBR综述. 计算机工程与应用，2004，21：1-5.

[121] 史忠植. 知识发现. 北京：清华大学出版社，2002.

[122] 高晓荣，徐英卓，等. 基于 CBR 的井下复杂情况与事故智能诊断和处理系统. 计算机应用研究，2008，25（5）：1446-1449.

[123] Kyong J O，Tae Y K. Financial market monitoring by case-based reasoning. Expert Systems with Applications，2007，32（3）：789-800.

[124] 王君，潘星，李静，等. 基于案例推理的知识管理咨询系统. 清华大学学报（自然科学版），2006，46（1）：990-995.

[125] 赖院根，朱东华，郭颖. 基于案例推理的企业专利战略制定研究. 科学学与科学技术管理，2007，（8）：132-135.

[126] Bichindaritz I. Case-based reasoning in the health sciences. Artificial Intelligence in Medicine，2006，36（2）：121-125.

[127] Limthanmaphon B，Zhang Y C. Web service composition with case-based reasoning. Adelaide，Australia：Proceedings of Fourteenth Australasian Database Conference on Database Technologies，2003：201-208.

[128] Delany S J，Cunningham P，Coyle L. An assessment of case-based reasoning for spam filtering. Artificial Intelligence Review，2005，24（3-4）：359-378.

[129] 冯铁，张家晨. 一种自动化软件设计改进方法. 软件学报，2006，17（4）：703-712.

[130] Leake D B. Case-based reasoning. Cambridge AAI Press/MIT Press，1996.

[131] 鞠可一，周德群，吴君民. 混合案例格在案例相似性度量中的应用. 控制与决策，2010，25（7）：987-992.

[132] Aamodt A，Plaza E. Case-based reasoning：Foundational issues，methodological variations and system approaches. Artificial Intelligence Communications，1994，7（1）：39-52.

[133] Watson I F. Case-based reasoning：a review. The Knowledge Engineering Review，1994，9（4）：335-381.

[134] Kolonder J. Case-Based Reasoning. SallMateo，California：Morgan Kaufmann，1993.

[135] 赵卫东，李旗号，盛昭翰. 基于案例推理的决策问题求解研究. 管理科学学报，2000，（4）：29-36.

[136] 骆敏舟，周美立. 实例推理检索中相似度量方法的研究. 合肥工业大学学报（自然科学版），2001，24（6）：1091-1094.

[137] 李锋，冯珊. 基于人工神经网络的案例检索与案例维护. 系统工程与电子技术，2004，26（8）：1053-1056.

[138] 孟妍妮，方宗德. 一种基于 ART-2 神经网络的案例检索方法. 情报学报，2006，25（4）：428-432.

[139] 王东，刘怀亮，徐国华. 基于案例推理的故障诊断系统关联度计算. 西安电子科技大学

学报（自然科学版），2003，30（2）：264-266.

[140] 周凯波，冯珊，李锋．基于案例属性特征的相似度计算模型研究．武汉理工大学学报（信息与管理工程版），2003，25（1）：24-27.

[141] 黄继鸿，雷战波，李欣苗．基于遗传禁忌算法的案例检索策略．系统工程理论方法应用，2004，13（1）：10-13.

[142] 李海芳，魏晓艳．多维优化案例推理检索算法研究．计算机工程与应用，2008，44（25）：157-160.

[143] Gruber T R. A translation approach to portable ontology specifications. Knowledge Acquisition，1993，5（2）：199-220

[144] 邓志鸿，唐世渭，张铭，等．Ontology 研究综述．北京大学学报（自然科学版），2002，38（5）：730-738.

[145] 刘听鹏．Ontology 理论研究和应用建模：《Ontology 研究综述》、w3c omology 研究组文档以及 Jena 编程应用总结．http：//gis. pku. deu. cn/Resources/TR/，2004-02-01.

[146] Shah N. Description Logics. http：//web. stanford. edu/～nigam/cgi-bin/dokuwiki/lib/exe/fetch. php？media＝owl-dl_slides. ppt. 2011-12-26.

[147] Ganter B，Willer R. Formal concept analysis Mathematical foundations. Berlin：Springer，1999.

[148] Brito P. Order structure of symbolic assertion objects. IEEE Transactions on Knowledge and Data Engineering，1994，6（5）：830-835.

[149] Diday E，Emilion R. Maximal and stochastic Galois lattices. Discrete Applied Mathematics，2003，127（2）：271-284.

[150] Wu Q，Liu Z T. Real formal concept analysis based on grey-rough set theory. Knowledge-based system，2009，22（1）：38-45.

[151] Polaillon G，Diday E. Reduction of symbolic Galois lattices via hierarchies. Proceedings of the Conference on Knowledge Extraction and Symbolic Data Analysis（KESDA'98），Office for Official Publications of the European Communities，Luxembourg，1999：137-143.

[152] 胡可云，陆玉昌，石纯一．概念格及其应用进展．清华大学学报（自然科学版），2000，40（9）：77-81.

[153] Nourine L Raynaud O. A fast algorithm for building lattices. Information Processing Letters，1999，71（5）：199-204.

[154] Godin R，Missaoui R，Alaoui H. Incremental concept formation algorithms based on galois（concept）lattices. Computational Intelligence，1995，11（2）：246-267.

[155] 刘宗田，强宇，等．一种模糊概念格模型及其渐进式构造算法．计算机学报，2007，

30 (2):184-187.

[156] 张本生，于永利. CBR 系统案例搜索中的混合相似性度量方法. 系统工程理论与实践，2002，22 (3)：131-136.

[157] 王德兴，胡学刚，刘晓平. 量化扩展概念格的属性归纳及多粒度规则挖掘. 系统工程学报，2009，24 (1)：54-61.

[158] 智慧来，智东杰，刘宗田，等. 基于概念格的概念相似度计算. 计算机科学，2008，35 (9):156，157.

[159] 高文. 教学模式论. 上海：上海教育出版社，2002.

[160] Díaz-Agudo B，González-Calero P A，Recio-García J A，et al. Building CBR systems with jcolibri. Science of Computer Programming，2007，69 (1-3)：68-75.

# 附录一　油价波动时各国（地区）经济指标异常收益、累积异常收益

附表 1.1　油价上涨期间经济波动情况（中国）

| 事件期 | | 异常收益 | | | | | 累积异常收益 | | | | |
|---|---|---|---|---|---|---|---|---|---|---|---|
| | | GDP | 失业率 | 出口额 | 进口额 | CPI | GDP | 失业率 | 出口额 | 进口额 | CPI |
| −32 | 1999q1 | 0.01 | −0.12 | −0.11 | −0.03 | −0.03 | 0.01 | −0.12 | −0.11 | −0.03 | −0.03 |
| −31 | 1999q2 | −0.03 | −0.07 | −0.23 | 0.02 | −0.05 | −0.02 | −0.19 | −0.33 | −0.01 | −0.08 |
| −30 | 1999q3 | −0.05 | −0.05 | −0.23 | 0.02 | −0.05 | −0.07 | −0.24 | −0.56 | 0.01 | −0.13 |
| −29 | 1999q4 | −0.06 | −0.04 | −0.18 | −0.01 | −0.04 | −0.13 | −0.28 | −0.75 | 0.00 | −0.17 |
| −28 | 2000q1 | −0.07 | −0.07 | −0.06 | 0.10 | −0.03 | −0.21 | −0.35 | −0.81 | 0.10 | −0.20 |
| −27 | 2000q2 | −0.06 | −0.07 | −0.06 | 0.09 | −0.02 | −0.27 | −0.41 | −0.87 | 0.19 | −0.22 |
| −26 | 2000q3 | −0.06 | −0.03 | −0.08 | 0.09 | −0.02 | −0.33 | −0.44 | −0.94 | 0.28 | −0.24 |
| −25 | 2000q4 | −0.06 | −0.03 | −0.10 | 0.08 | −0.01 | −0.39 | −0.47 | −1.04 | 0.36 | −0.25 |
| −24 | 2001q1 | −0.05 | 0.02 | −0.09 | 0.07 | 0.00 | −0.44 | −0.46 | −1.13 | 0.43 | −0.25 |
| −23 | 2001q2 | −0.03 | 0.03 | −0.06 | 0.06 | 0.01 | −0.47 | −0.42 | −1.19 | 0.49 | −0.24 |
| −22 | 2001q3 | 0.05 | −0.05 | −0.05 | 0.05 | 0.01 | −0.50 | −0.38 | −1.24 | 0.54 | −0.23 |
| −21 | 2001q4 | −0.01 | 0.03 | 0.03 | 0.02 | 0.02 | −0.51 | −0.35 | −1.21 | 0.56 | −0.20 |
| −20 | 2002q1 | −0.02 | 0.05 | 0.03 | −0.09 | 0.01 | −0.53 | −0.30 | −1.18 | 0.47 | −0.19 |
| −19 | 2002q2 | −0.03 | 0.08 | −0.03 | −0.08 | 0.00 | −0.55 | −0.21 | −1.20 | 0.40 | −0.19 |
| −18 | 2002q3 | −0.03 | 0.10 | −0.02 | −0.08 | 0.00 | −0.58 | −0.11 | −1.23 | 0.32 | −0.19 |
| −17 | 2002q4 | −0.02 | 0.10 | 0.01 | −0.04 | 0.00 | −0.61 | −0.01 | −1.22 | 0.28 | −0.19 |
| −16 | 2003q1 | −0.03 | 0.12 | 0.01 | 0.05 | 0.00 | −0.63 | 0.11 | −1.21 | 0.33 | −0.19 |
| −15 | 2003q2 | −0.01 | 0.11 | 0.09 | 0.04 | 0.02 | −0.64 | 0.22 | −1.12 | 0.37 | −0.17 |
| −14 | 2003q3 | 0.00 | 0.09 | 0.08 | 0.04 | 0.02 | −0.64 | 0.31 | −1.04 | 0.40 | −0.15 |
| −13 | 2003q4 | −0.01 | 0.10 | 0.06 | 0.01 | 0.03 | −0.65 | 0.40 | −0.98 | 0.41 | −0.12 |
| −12 | 2004q1 | 0.09 | 0.09 | 0.03 | 0.08 | | −0.64 | 0.49 | −0.95 | 0.49 | −0.10 |
| −11 | 2004q2 | 0.01 | 0.08 | 0.05 | 0.07 | 0.03 | −0.63 | 0.58 | −0.89 | 0.56 | −0.07 |
| −10 | 2004q3 | 0.01 | 0.05 | 0.02 | 0.06 | 0.03 | −0.62 | 0.63 | −0.88 | 0.62 | −0.04 |

续表

| 事件期 | | 异常收益 | | | | | 累积异常收益 | | | | |
| --- | --- | --- | --- | --- | --- | --- | --- | --- | --- | --- | --- |
| | | GDP | 失业率 | 出口额 | 进口额 | CPI | GDP | 失业率 | 出口额 | 进口额 | CPI |
| -9 | 2004q4 | 0.01 | 0.04 | 0.03 | 0.01 | 0.01 | -0.61 | 0.67 | -0.85 | 0.63 | -0.03 |
| -8 | 2005q1 | 0.01 | 0.03 | *0.05* | *-0.07* | 0.00 | -0.60 | 0.70 | -0.80 | 0.56 | -0.03 |
| -7 | 2005q2 | 0.01 | 0.02 | *0.05* | -0.04 | -0.01 | -0.59 | 0.71 | -0.75 | 0.52 | -0.04 |
| -6 | 2005q3 | 0.01 | 0.01 | 0.02 | *-0.05* | -0.02 | -0.58 | 0.73 | -0.73 | 0.47 | -0.06 |
| -5 | 2005q4 | 0.01 | 0.00 | 0.02 | *-0.05* | -0.01 | -0.57 | 0.72 | -0.71 | 0.41 | -0.07 |
| -4 | 2006q1 | 0.01 | -0.01 | 0.02 | *-0.07* | -0.02 | -0.56 | 0.71 | -0.69 | 0.35 | -0.09 |
| -3 | 2006q2 | 0.02 | -0.02 | 0.02 | *-0.07* | -0.02 | -0.54 | 0.69 | -0.67 | 0.28 | -0.11 |
| -2 | 2006q3 | 0.02 | *-0.05* | 0.03 | *-0.08* | -0.02 | -0.52 | 0.64 | -0.63 | 0.20 | -0.13 |
| -1 | 2006q4 | 0.04 | *-0.07* | *0.09* | *-0.07* | 0.00 | -0.48 | 0.57 | -0.55 | 0.13 | -0.13 |
| 0 | 2007q1 | *0.06* | *-0.08* | *0.13* | *-0.06* | 0.01 | -0.43 | 0.49 | -0.42 | 0.06 | -0.12 |
| 1 | 2007q2 | *0.06* | *-0.07* | *0.10* | *-0.06* | 0.01 | -0.36 | 0.42 | -0.32 | 0.00 | -0.11 |
| 2 | 2007q3 | *0.06* | *-0.06* | *0.06* | *-0.07* | 0.03 | -0.31 | 0.36 | -0.26 | -0.06 | -0.08 |
| 3 | 2007q4 | *0.05* | *-0.07* | 0.02 | *-0.06* | 0.02 | -0.26 | 0.28 | -0.24 | -0.12 | -0.06 |
| 4 | 2008q1 | *0.05* | *-0.07* | 0.01 | 0.02 | 0.03 | -0.21 | 0.21 | -0.23 | -0.10 | -0.03 |
| 5 | 2008q2 | *0.05* | *-0.05* | -0.02 | 0.03 | 0.02 | -0.16 | 0.16 | -0.25 | -0.06 | -0.01 |
| 6 | 2008q3 | *0.05* | *-0.06* | 0.01 | 0.04 | 0.01 | -0.11 | 0.11 | -0.24 | -0.03 | -0.01 |
| 7 | 2008q4 | *0.10* | *-0.09* | *0.22* | 0.04 | 0.02 | -0.01 | 0.01 | -0.02 | 0.01 | 0.01 |

**附表 1.2　油价上涨期间经济波动情况（美国）**

| 事件期 | | 异常收益 | | | | | 累积异常收益 | | | | |
| --- | --- | --- | --- | --- | --- | --- | --- | --- | --- | --- | --- |
| | | GDP | 失业率 | 出口额 | 进口额 | CPI | GDP | 失业率 | 出口额 | 进口额 | CPI |
| -32 | 1999q1 | 0.03 | *-0.18* | *0.13* | *0.11* | 0.01 | 0.03 | -0.18 | 0.13 | 0.11 | 0.01 |
| -31 | 1999q2 | 0.02 | *-0.22* | 0.03 | *0.07* | 0.00 | 0.05 | -0.40 | 0.16 | 0.18 | 0.00 |
| -30 | 1999q3 | 0.01 | *-0.17* | *-0.05* | *0.06* | -0.01 | 0.07 | -0.58 | 0.11 | 0.24 | 0.00 |
| -29 | 1999q4 | 0.02 | *-0.25* | 0.01 | *0.05* | -0.01 | 0.08 | -0.83 | 0.12 | 0.29 | -0.01 |
| -28 | 2000q1 | 0.01 | *-0.05* | -0.03 | 0.02 | -0.01 | 0.09 | -0.88 | 0.08 | 0.31 | -0.02 |
| -27 | 2000q2 | 0.02 | *-0.16* | 0.00 | *0.05* | 0.00 | 0.11 | -1.04 | 0.08 | 0.36 | -0.03 |
| -26 | 2000q3 | 0.01 | *-0.11* | -0.03 | *0.06* | 0.00 | 0.12 | -1.15 | 0.05 | 0.42 | -0.03 |
| -25 | 2000q4 | 0.01 | *-0.18* | -0.01 | 0.04 | 0.00 | 0.13 | -1.32 | 0.04 | 0.47 | -0.03 |

续表

| 事件期 | | 异常收益 | | | | | 累积异常收益 | | | | |
|---|---|---|---|---|---|---|---|---|---|---|---|
| | | GDP | 失业率 | 出口额 | 进口额 | CPI | GDP | 失业率 | 出口额 | 进口额 | CPI |
| −24 | 2001q1 | 0.00 | *0.05* | −0.03 | −0.01 | 0.00 | 0.13 | −1.27 | 0.02 | 0.46 | −0.03 |
| −23 | 2001q2 | 0.00 | 0.00 | *−0.05* | −0.04 | 0.01 | 0.13 | −1.27 | −0.03 | 0.41 | −0.02 |
| −22 | 2001q3 | −0.01 | *0.10* | *−0.14* | *−0.07* | 0.00 | 0.12 | −1.18 | −0.17 | 0.35 | −0.02 |
| −21 | 2001q4 | 0.00 | *0.12* | −0.04 | −0.03 | 0.01 | 0.12 | −1.06 | −0.22 | 0.31 | −0.01 |
| −20 | 2002q1 | −0.01 | *0.24* | *−0.10* | *−0.11* | 0.00 | 0.11 | −0.82 | −0.32 | 0.21 | −0.01 |
| −19 | 2002q2 | −0.01 | *0.20* | *−0.08* | *−0.06* | 0.00 | 0.10 | −0.62 | −0.40 | 0.15 | −0.01 |
| −18 | 2002q3 | −0.02 | *0.20* | *−0.13* | *−0.05* | 0.00 | 0.08 | −0.42 | −0.53 | 0.10 | −0.02 |
| −17 | 2002q4 | −0.02 | *0.16* | *−0.10* | −0.03 | 0.00 | 0.06 | −0.26 | −0.63 | 0.07 | −0.02 |
| −16 | 2003q1 | −0.02 | *0.25* | *−0.14* | *−0.11* | 0.00 | 0.03 | 0.00 | −0.77 | −0.04 | −0.02 |
| −15 | 2003q2 | −0.02 | *0.19* | *−0.06* | −0.04 | −0.01 | 0.01 | 0.19 | −0.83 | −0.08 | −0.03 |
| −14 | 2003q3 | −0.01 | *0.16* | *−0.09* | −0.01 | −0.01 | 0.00 | 0.35 | −0.92 | −0.11 | −0.03 |
| −13 | 2003q4 | −0.01 | *0.07* | −0.01 | −0.01 | −0.01 | 0.00 | 0.42 | −0.93 | −0.12 | −0.04 |
| −12 | 2004q1 | −0.01 | *0.15* | −0.02 | −0.04 | −0.01 | −0.01 | 0.57 | −0.96 | −0.16 | −0.04 |
| −11 | 2004q2 | 0.00 | *0.06* | 0.00 | 0.01 | −0.01 | −0.01 | 0.63 | −0.96 | −0.15 | −0.05 |
| −10 | 2004q3 | 0.00 | 0.04 | *−0.07* | 0.01 | −0.01 | −0.02 | 0.67 | −1.03 | −0.14 | −0.06 |
| −9 | 2004q4 | 0.00 | −0.03 | −0.01 | 0.03 | −0.01 | −0.02 | 0.64 | −1.04 | −0.12 | −0.07 |
| −8 | 2005q1 | 0.01 | *0.05* | −0.01 | −0.02 | −0.01 | −0.01 | 0.69 | −1.05 | −0.13 | −0.07 |
| −7 | 2005q2 | 0.00 | *−0.07* | 0.04 | 0.03 | −0.01 | −0.01 | 0.62 | −1.02 | −0.10 | −0.08 |
| −6 | 2005q3 | 0.01 | *−0.07* | −0.02 | 0.02 | 0.00 | 0.00 | 0.55 | −1.04 | −0.08 | −0.08 |
| −5 | 2005q4 | 0.01 | *−0.15* | 0.04 | *0.05* | 0.01 | 0.01 | 0.40 | −1.00 | −0.02 | −0.07 |
| −4 | 2006q1 | 0.01 | *−0.08* | 0.04 | 0.00 | 0.01 | 0.02 | 0.33 | −0.96 | −0.02 | −0.07 |
| −3 | 2006q2 | 0.01 | *−0.15* | *0.07* | 0.03 | 0.00 | 0.03 | 0.18 | −0.89 | 0.01 | −0.06 |
| −2 | 2006q3 | 0.01 | *−0.12* | *0.05* | 0.04 | 0.01 | 0.04 | 0.06 | −0.85 | 0.05 | −0.05 |
| −1 | 2006q4 | 0.01 | *−0.26* | *0.12* | 0.04 | 0.01 | 0.05 | −0.20 | −0.73 | 0.09 | −0.05 |
| 0 | 2007q1 | 0.01 | *−0.10* | *0.11* | 0.00 | 0.00 | 0.06 | −0.29 | −0.62 | 0.09 | −0.05 |
| 1 | 2007q2 | 0.01 | *−0.16* | *0.11* | 0.02 | 0.01 | 0.07 | −0.46 | −0.51 | 0.11 | −0.04 |

| 事件期 | | 异常收益 | | | | | 累积异常收益 | | | | |
|---|---|---|---|---|---|---|---|---|---|---|---|
| | | GDP | 失业率 | 出口额 | 进口额 | CPI | GDP | 失业率 | 出口额 | 进口额 | CPI |
| 2 | 2007q3 | 0.00 | −0.06 | 0.08 | 0.00 | 0.00 | 0.08 | −0.52 | −0.43 | 0.11 | −0.03 |
| 3 | 2007q4 | 0.00 | −0.01 | 0.06 | −0.02 | 0.01 | 0.07 | −0.52 | −0.37 | 0.09 | −0.03 |
| 4 | 2008q1 | −0.01 | 0.30 | 0.08 | −0.02 | 0.01 | 0.06 | −0.23 | −0.30 | 0.07 | −0.02 |
| 5 | 2008q2 | −0.02 | 0.21 | 0.07 | −0.03 | 0.01 | 0.05 | −0.01 | −0.23 | 0.04 | −0.01 |
| 6 | 2008q3 | −0.02 | 0.09 | 0.09 | −0.02 | 0.02 | 0.02 | 0.08 | −0.14 | 0.02 | 0.01 |
| 7 | 2008q4 | −0.03 | −0.09 | 0.15 | 0.00 | 0.01 | 0.00 | −0.01 | 0.00 | 0.02 | 0.02 |

附表 1.3　油价上涨期间经济波动情况（日本）

| 事件期 | | 异常收益 | | | | | 累积异常收益 | | | | |
|---|---|---|---|---|---|---|---|---|---|---|---|
| | | GDP | 失业率 | 出口额 | 进口额 | CPI | GDP | 失业率 | 出口额 | 进口额 | CPI |
| −32 | 1999q1 | 0.01 | 0.00 | 0.11 | 0.03 | 0.01 | 0.01 | 0.00 | 0.11 | 0.03 | 0.01 |
| −31 | 1999q2 | −0.01 | 0.12 | −0.05 | −0.12 | 0.02 | 0.00 | 0.12 | 0.05 | −0.09 | 0.03 |
| −30 | 1999q3 | −0.02 | 0.16 | −0.03 | −0.11 | 0.01 | −0.03 | 0.28 | 0.02 | −0.20 | 0.04 |
| −29 | 1999q4 | −0.02 | 0.16 | 0.01 | −0.03 | 0.01 | −0.05 | 0.44 | 0.03 | −0.24 | 0.05 |
| −28 | 2000q1 | −0.01 | 0.20 | −0.03 | −0.08 | 0.00 | −0.06 | 0.64 | 0.00 | −0.32 | 0.05 |
| −27 | 2000q2 | −0.01 | 0.16 | 0.00 | −0.03 | 0.00 | −0.08 | 0.81 | 0.00 | −0.35 | 0.05 |
| −26 | 2000q3 | −0.02 | 0.16 | −0.02 | −0.03 | 0.00 | −0.09 | 0.97 | −0.03 | −0.38 | 0.05 |
| −25 | 2000q4 | −0.01 | 0.14 | −0.04 | 0.00 | 0.00 | −0.10 | 1.11 | −0.06 | −0.38 | 0.05 |
| −24 | 2001q1 | 0.00 | 0.12 | −0.09 | −0.03 | −0.01 | −0.10 | 1.23 | −0.15 | −0.41 | 0.04 |
| −23 | 2001q2 | 0.00 | 0.10 | −0.16 | −0.07 | −0.01 | −0.10 | 1.33 | −0.32 | −0.48 | 0.03 |
| −22 | 2001q3 | −0.01 | 0.10 | −0.16 | −0.08 | −0.01 | −0.12 | 1.43 | −0.48 | −0.56 | 0.02 |
| −21 | 2001q4 | 0.00 | 0.04 | −0.10 | −0.02 | −0.01 | −0.12 | 1.47 | −0.58 | −0.58 | 0.01 |
| −20 | 2002q1 | 0.00 | 0.02 | −0.11 | −0.07 | −0.02 | −0.12 | 1.49 | −0.69 | −0.64 | 0.00 |
| −19 | 2002q2 | 0.00 | 0.07 | −0.08 | −0.10 | −0.01 | −0.12 | 1.56 | −0.77 | −0.75 | −0.01 |
| −18 | 2002q3 | 0.00 | 0.07 | −0.06 | −0.07 | −0.01 | −0.12 | 1.63 | −0.83 | −0.82 | −0.03 |
| −17 | 2002q4 | 0.00 | 0.03 | −0.03 | −0.04 | −0.01 | −0.12 | 1.67 | −0.86 | −0.86 | −0.04 |
| −16 | 2003q1 | −0.01 | 0.06 | −0.07 | −0.06 | −0.01 | −0.14 | 1.73 | −0.93 | −0.92 | −0.05 |
| −15 | 2003q2 | 0.00 | 0.01 | 0.00 | −0.01 | −0.01 | −0.13 | 1.74 | −0.93 | −0.93 | −0.06 |
| −14 | 2003q3 | 0.00 | −0.02 | 0.02 | −0.02 | −0.01 | −0.13 | 1.72 | −0.91 | −0.95 | −0.06 |

续表

| 事件期 | | 异常收益 | | | | | 累积异常收益 | | | | |
|---|---|---|---|---|---|---|---|---|---|---|---|
| | | GDP | 失业率 | 出口额 | 进口额 | CPI | GDP | 失业率 | 出口额 | 进口额 | CPI |
| −13 | 2003q4 | 0.01 | **−0.06** | **0.09** | 0.03 | −0.01 | −0.12 | 1.66 | −0.82 | −0.92 | −0.07 |
| −12 | 2004q1 | 0.02 | **−0.06** | **0.09** | 0.03 | −0.01 | −0.10 | 1.60 | −0.73 | −0.89 | −0.08 |
| −11 | 2004q2 | 0.01 | **−0.08** | **0.08** | 0.02 | 0.00 | −0.10 | 1.52 | −0.64 | −0.87 | −0.08 |
| −10 | 2004q3 | 0.00 | **−0.04** | **0.05** | 0.00 | 0.00 | −0.09 | 1.48 | −0.59 | −0.87 | −0.08 |
| −9 | 2004q4 | 0.00 | **−0.09** | **0.06** | 0.04 | 0.00 | −0.10 | 1.39 | −0.53 | −0.83 | −0.08 |
| −8 | 2005q1 | 0.00 | **−0.09** | **0.05** | 0.03 | 0.00 | −0.10 | 1.30 | −0.48 | −0.80 | −0.09 |
| −7 | 2005q2 | 0.01 | **−0.10** | 0.04 | 0.04 | 0.00 | −0.09 | 1.20 | −0.44 | −0.76 | −0.09 |
| −6 | 2005q3 | 0.00 | **−0.10** | −0.01 | 0.01 | 0.00 | −0.08 | 1.10 | −0.44 | −0.75 | −0.09 |
| −5 | 2005q4 | 0.01 | **−0.08** | 0.00 | 0.04 | 0.00 | −0.08 | 1.02 | −0.44 | −0.71 | −0.09 |
| −4 | 2006q1 | 0.01 | **−0.12** | 0.01 | **0.05** | 0.00 | −0.07 | 0.90 | −0.43 | −0.67 | −0.09 |
| −3 | 2006q2 | 0.01 | **−0.10** | 0.01 | 0.03 | 0.00 | −0.06 | 0.80 | −0.42 | −0.64 | −0.09 |
| −2 | 2006q3 | 0.01 | **−0.12** | 0.02 | 0.01 | 0.01 | −0.06 | 0.68 | −0.40 | −0.60 | −0.08 |
| −1 | 2006q4 | 0.02 | **−0.18** | **0.06** | **0.07** | 0.00 | −0.04 | 0.50 | −0.34 | −0.52 | −0.08 |
| 0 | 2007q1 | 0.03 | **−0.18** | **0.09** | **0.08** | 0.00 | −0.01 | 0.32 | −0.26 | −0.44 | −0.08 |
| 1 | 2007q2 | 0.02 | **−0.19** | **0.05** | 0.04 | 0.00 | 0.13 | 0.21 | −0.21 | −0.40 | −0.08 |
| 2 | 2007q3 | 0.01 | **−0.14** | 0.04 | 0.00 | 0.01 | 0.02 | −0.02 | −0.17 | −0.40 | −0.07 |
| 3 | 2007q4 | 0.01 | **−0.10** | 0.02 | 0.02 | 0.01 | 0.02 | −0.11 | −0.14 | −0.39 | −0.06 |
| 4 | 2008q1 | 0.01 | **−0.07** | **0.06** | **0.07** | 0.01 | 0.03 | −0.19 | −0.09 | −0.32 | −0.06 |
| 5 | 2008q2 | −0.01 | 0.02 | 0.00 | 0.00 | 0.00 | 0.02 | −0.16 | −0.09 | −0.31 | −0.04 |
| 6 | 2008q3 | −0.02 | 0.01 | 0.01 | **0.05** | 0.02 | 0.00 | −0.15 | −0.08 | −0.25 | −0.02 |
| 7 | 2008q4 | −0.02 | **−0.19** | **0.09** | **0.25** | 0.02 | −0.01 | −0.34 | 0.02 | −0.01 | 0.00 |

**附表 1.4　油价上涨期间经济波动情况（印度）**

| 事件期 | | 异常收益 | | | | | 累积异常收益 | | | | |
|---|---|---|---|---|---|---|---|---|---|---|---|
| | | GDP | 失业率 | 出口额 | 进口额 | CPI | GDP | 失业率 | 出口额 | 进口额 | CPI |
| −32 | 1999q1 | **0.15** | n/a | **0.05** | **0.05** | 0.04 | 0.15 | n/a | 0.05 | 0.05 | 0.04 |
| −31 | 1999q2 | **0.14** | n/a | **−0.10** | **−0.07** | 0.03 | 0.28 | n/a | −0.05 | −0.02 | 0.07 |
| −30 | 1999q3 | **0.10** | n/a | **−0.12** | **−0.13** | 0.03 | 0.39 | n/a | −0.17 | −0.15 | 0.10 |
| −29 | 1999q4 | **0.06** | n/a | **−0.15** | **−0.13** | 0.03 | 0.45 | n/a | −0.32 | −0.29 | 0.14 |

续表

| 事件期 | | 异常收益 | | | | | 累积异常收益 | | | | |
|---|---|---|---|---|---|---|---|---|---|---|---|
| | | GDP | 失业率 | 出口额 | 进口额 | CPI | GDP | 失业率 | 出口额 | 进口额 | CPI |
| −28 | 2000q1 | 0.04 | n/a | −0.21 | −0.08 | 0.03 | 0.49 | n/a | −0.53 | −0.37 | 0.17 |
| −27 | 2000q2 | −0.02 | n/a | −0.07 | −0.20 | 0.03 | 0.47 | n/a | −0.60 | −0.57 | 0.20 |
| −26 | 2000q3 | −0.02 | n/a | −0.11 | −0.16 | 0.01 | 0.45 | n/a | −0.71 | −0.73 | 0.21 |
| −25 | 2000q4 | −0.03 | n/a | −0.09 | −0.21 | 0.00 | 0.42 | n/a | −0.80 | −0.94 | 0.21 |
| −24 | 2001q1 | −0.04 | n/a | −0.08 | −0.19 | 0.00 | 0.38 | n/a | −0.87 | −1.13 | 0.21 |
| −23 | 2001q2 | −0.05 | n/a | −0.10 | −0.16 | −0.01 | 0.33 | n/a | −0.97 | −1.29 | 0.20 |
| −22 | 2001q3 | −0.05 | n/a | −0.11 | −0.16 | −0.01 | 0.28 | n/a | −1.09 | −1.45 | 0.19 |
| −21 | 2001q4 | −0.07 | n/a | −0.01 | −0.05 | −0.02 | 0.21 | n/a | −1.09 | −1.50 | 0.17 |
| −20 | 2002q1 | −0.08 | n/a | −0.02 | −0.09 | −0.03 | 0.13 | n/a | −1.11 | −1.59 | 0.14 |
| −19 | 2002q2 | −0.07 | n/a | 0.00 | −0.15 | −0.02 | 0.06 | n/a | −1.12 | −1.73 | 0.12 |
| −18 | 2002q3 | −0.07 | n/a | 0.00 | −0.08 | −0.02 | 0.00 | n/a | −1.12 | −1.82 | 0.10 |
| −17 | 2002q4 | −0.08 | n/a | −0.01 | −0.03 | −0.03 | −0.08 | n/a | −1.12 | −1.85 | 0.07 |
| −16 | 2003q1 | −0.06 | n/a | −0.06 | −0.07 | −0.02 | −0.15 | n/a | −1.18 | −1.92 | 0.05 |
| −15 | 2003q2 | −0.06 | n/a | 0.00 | 0.04 | −0.02 | −0.21 | n/a | −1.19 | −1.88 | 0.03 |
| −14 | 2003q3 | −0.06 | n/a | 0.03 | 0.00 | −0.02 | −0.27 | n/a | −1.16 | −1.88 | 0.01 |
| −13 | 2003q4 | −0.04 | n/a | 0.13 | 0.07 | −0.03 | −0.30 | n/a | −1.04 | −1.81 | −0.02 |
| −12 | 2004q1 | −0.04 | n/a | 0.08 | 0.05 | −0.02 | −0.34 | n/a | −0.95 | −1.76 | −0.04 |
| −11 | 2004q2 | −0.02 | n/a | 0.03 | 0.02 | −0.02 | −0.37 | n/a | −0.92 | −1.74 | −0.07 |
| −10 | 2004q3 | 0.00 | n/a | 0.00 | 0.09 | −0.02 | −0.36 | n/a | −0.92 | −1.65 | −0.08 |
| −9 | 2004q4 | 0.00 | n/a | 0.04 | 0.12 | −0.02 | −0.36 | n/a | −0.88 | −1.53 | −0.10 |
| −8 | 2005q1 | 0.00 | n/a | 0.10 | 0.13 | −0.01 | −0.36 | n/a | −0.78 | −1.40 | −0.11 |
| −7 | 2005q2 | 0.01 | n/a | 0.06 | 0.12 | −0.02 | −0.35 | n/a | −0.72 | −1.29 | −0.13 |
| −6 | 2005q3 | 0.02 | n/a | 0.01 | 0.04 | −0.01 | −0.33 | n/a | −0.72 | −1.24 | −0.14 |
| −5 | 2005q4 | 0.02 | n/a | 0.03 | 0.05 | −0.01 | −0.31 | n/a | −0.69 | −1.19 | −0.15 |
| −4 | 2006q1 | 0.02 | n/a | 0.03 | 0.09 | −0.01 | −0.29 | n/a | −0.65 | −1.10 | −0.16 |
| −3 | 2006q2 | 0.02 | n/a | 0.04 | 0.07 | 0.00 | −0.27 | n/a | −0.61 | −1.04 | −0.16 |
| −2 | 2006q3 | 0.03 | n/a | 0.07 | 0.07 | 0.00 | −0.24 | n/a | −0.55 | −0.97 | −0.16 |
| −1 | 2006q4 | 0.02 | n/a | 0.08 | 0.11 | 0.00 | −0.22 | n/a | −0.47 | −0.86 | −0.15 |
| 0 | 2007q1 | 0.02 | n/a | 0.07 | 0.12 | 0.00 | −0.20 | n/a | −0.40 | −0.74 | −0.15 |

| 事件期 | | 异常收益 | | | | | 累积异常收益 | | | | |
|---|---|---|---|---|---|---|---|---|---|---|---|
| | | GDP | 失业率 | 出口额 | 进口额 | CPI | GDP | 失业率 | 出口额 | 进口额 | CPI |
| 1 | 2007q2 | 0.02 | n/a | 0.06 | 0.12 | 0.01 | −0.17 | n/a | −0.33 | −0.62 | −0.14 |
| 2 | 2007q3 | 0.02 | n/a | 0.05 | 0.07 | 0.01 | −0.16 | n/a | −0.28 | −0.55 | −0.13 |
| 3 | 2007q4 | 0.03 | n/a | 0.06 | 0.07 | 0.01 | −0.13 | n/a | −0.22 | −0.48 | −0.11 |
| 4 | 2008q1 | 0.04 | n/a | 0.09 | 0.10 | 0.02 | −0.09 | n/a | −0.13 | −0.38 | −0.09 |
| 5 | 2008q2 | 0.05 | n/a | 0.04 | 0.03 | 0.04 | −0.04 | n/a | −0.09 | −0.35 | −0.06 |
| 6 | 2008q3 | 0.05 | n/a | 0.01 | 0.06 | 0.04 | 0.01 | n/a | −0.08 | −0.29 | −0.01 |
| 7 | 2008q4 | −0.02 | n/a | 0.06 | 0.27 | 0.02 | −0.01 | n/a | −0.01 | −0.02 | 0.01 |

附表 1.5 油价上涨期间经济波动情况（俄罗斯）

| 事件期 | | 异常收益 | | | | | 累积异常收益 | | | | |
|---|---|---|---|---|---|---|---|---|---|---|---|
| | | GDP | 失业率 | 出口额 | 进口额 | CPI | GDP | 失业率 | 出口额 | 进口额 | CPI |
| −32 | 1999q1 | 0.04 | −0.04 | −0.04 | −0.32 | 0.09 | 0.04 | −0.04 | −0.04 | −0.32 | 0.09 |
| −31 | 1999q2 | 0.08 | −0.12 | −0.21 | −0.54 | 0.18 | 0.13 | −0.16 | −0.25 | −0.86 | 0.26 |
| −30 | 1999q3 | 0.10 | −0.35 | −0.26 | −0.69 | 0.21 | 0.23 | −0.51 | −0.51 | −1.55 | 0.47 |
| −29 | 1999q4 | 0.10 | −0.51 | −0.15 | −0.66 | 0.20 | 0.33 | −1.02 | −0.66 | −2.21 | 0.67 |
| −28 | 2000q1 | 0.14 | −0.60 | −0.11 | −0.57 | 0.19 | 0.47 | −1.61 | −0.77 | −2.78 | 0.86 |
| −27 | 2000q2 | 0.12 | −0.68 | −0.09 | −0.60 | 0.18 | 0.59 | −2.29 | −0.86 | −3.38 | 1.04 |
| −26 | 2000q3 | 0.11 | −0.60 | −0.13 | −0.47 | 0.18 | 0.70 | −2.90 | −0.99 | −3.85 | 1.22 |
| −25 | 2000q4 | 0.09 | −0.55 | −0.11 | −0.34 | 0.16 | 0.80 | −3.45 | −1.09 | −4.19 | 1.38 |
| −24 | 2001q1 | 0.07 | −0.49 | −0.05 | −0.26 | 0.12 | 0.86 | −3.94 | −1.14 | −4.44 | 1.50 |
| −23 | 2001q2 | 0.05 | −0.44 | −0.06 | −0.12 | 0.11 | 0.92 | −4.37 | −1.20 | −4.57 | 1.61 |
| −22 | 2001q3 | 0.04 | −0.27 | −0.08 | −0.08 | 0.07 | 0.96 | −4.64 | −1.28 | −4.65 | 1.69 |
| −21 | 2001q4 | 0.01 | −0.13 | 0.02 | 0.18 | −0.01 | 0.97 | −4.78 | −1.26 | −4.48 | 1.68 |
| −20 | 2002q1 | −0.01 | 0.02 | −0.01 | 0.12 | 0.01 | 0.96 | −4.76 | −1.27 | −4.36 | 1.66 |
| −19 | 2002q2 | −0.02 | 0.15 | −0.03 | 0.10 | 0.01 | 0.94 | −4.61 | −1.29 | −4.26 | 1.67 |
| −18 | 2002q3 | −0.02 | 0.17 | −0.02 | 0.13 | −0.01 | 0.92 | −4.44 | −1.31 | −4.13 | 1.66 |
| −17 | 2002q4 | −0.04 | 0.26 | 0.00 | 0.17 | −0.03 | 0.88 | −4.18 | −1.31 | −3.96 | 1.62 |
| −16 | 2003q1 | −0.05 | 0.31 | 0.01 | 0.11 | −0.02 | 0.83 | −3.87 | −1.31 | −3.84 | 1.61 |
| −15 | 2003q2 | −0.07 | 0.34 | 0.06 | 0.23 | −0.07 | 0.77 | −3.53 | −1.25 | −3.61 | 1.54 |
| −14 | 2003q3 | −0.07 | 0.35 | 0.07 | 0.24 | −0.07 | 0.69 | −3.18 | −1.18 | −3.38 | 1.47 |
| −13 | 2003q4 | −0.08 | 0.32 | 0.09 | 0.22 | −0.08 | 0.61 | −2.86 | −1.09 | −3.16 | 1.39 |
| −12 | 2004q1 | −0.06 | 0.31 | 0.07 | 0.19 | −0.07 | 0.55 | −2.55 | −1.01 | −2.97 | 1.32 |

续表

| 事件期 | | 异常收益 | | | | | 累积异常收益 | | | | |
|---|---|---|---|---|---|---|---|---|---|---|---|
| | | GDP | 失业率 | 出口额 | 进口额 | CPI | GDP | 失业率 | 出口额 | 进口额 | CPI |
| −11 | 2004q2 | −0.05 | 0.30 | 0.06 | 0.15 | −0.07 | 0.50 | −2.25 | −0.95 | −2.82 | 1.25 |
| −10 | 2004q3 | −0.06 | 0.32 | 0.04 | 0.11 | −0.05 | 0.44 | −1.93 | −0.91 | −2.71 | 1.20 |
| −9 | 2004q4 | −0.03 | 0.37 | 0.04 | 0.09 | −0.04 | 0.41 | −1.56 | −0.87 | −2.62 | 1.16 |
| −8 | 2005q1 | −0.05 | 0.34 | 0.04 | 0.11 | −0.04 | 0.37 | −1.22 | −0.82 | −2.51 | 1.12 |
| −7 | 2005q2 | −0.04 | 0.33 | 0.05 | 0.08 | −0.04 | 0.33 | −0.89 | −0.77 | −2.42 | 1.09 |
| −6 | 2005q3 | −0.03 | 0.28 | 0.01 | 0.05 | −0.03 | 0.29 | −0.61 | −0.76 | −2.38 | 1.06 |
| −5 | 2005q4 | −0.03 | 0.23 | 0.05 | 0.09 | −0.05 | 0.26 | −0.38 | −0.71 | −2.28 | 1.01 |
| −4 | 2006q1 | −0.02 | 0.21 | 0.07 | 0.09 | −0.05 | 0.24 | −0.17 | −0.64 | −2.20 | 0.96 |
| −3 | 2006q2 | −0.04 | 0.17 | 0.03 | 0.10 | −0.05 | 0.20 | 0.00 | −0.61 | −2.10 | 0.91 |
| −2 | 2006q3 | −0.05 | 0.17 | 0.03 | 0.13 | −0.07 | 0.15 | 0.17 | −0.58 | −1.97 | 0.84 |
| −1 | 2006q4 | −0.07 | 0.14 | 0.09 | 0.25 | −0.11 | 0.09 | 0.30 | −0.49 | −1.72 | 0.73 |
| 0 | 2007q1 | −0.07 | 0.05 | 0.10 | 0.29 | −0.13 | 0.02 | 0.35 | −0.39 | −1.43 | 0.60 |
| 1 | 2007q2 | −0.06 | 0.01 | 0.07 | 0.25 | −0.12 | −0.04 | 0.37 | −0.32 | −1.19 | 0.48 |
| 2 | 2007q3 | −0.06 | 0.02 | 0.01 | 0.20 | −0.10 | −0.10 | 0.39 | −0.32 | −0.99 | 0.39 |
| 3 | 2007q4 | −0.04 | −0.01 | 0.04 | 0.15 | −0.06 | −0.13 | 0.37 | −0.28 | −0.84 | 0.32 |
| 4 | 2008q1 | −0.03 | −0.05 | 0.07 | 0.17 | −0.06 | −0.17 | 0.32 | −0.21 | −0.67 | 0.26 |
| 5 | 2008q2 | −0.03 | −0.10 | −0.01 | 0.11 | −0.03 | −0.20 | 0.22 | −0.22 | −0.57 | 0.24 |
| 6 | 2008q3 | −0.04 | −0.15 | 0.03 | 0.15 | −0.04 | −0.24 | 0.08 | −0.19 | −0.42 | 0.20 |
| 7 | 2008q4 | −0.11 | −0.06 | 0.20 | 0.42 | −0.20 | −0.35 | 0.01 | 0.01 | 0.00 | 0.00 |

附表 1.6　油价上涨期间经济波动情况（欧盟 27 国）

| 事件期 | | 异常收益 | | | | | 累积异常收益 | | | | |
|---|---|---|---|---|---|---|---|---|---|---|---|
| | | GDP | 失业率 | 出口额 | 进口额 | CPI | GDP | 失业率 | 出口额 | 进口额 | CPI |
| −32 | 1999q1 | 0.01 | 0.00 | 0.07 | 0.10 | 0.01 | 0.01 | 0.00 | 0.07 | 0.10 | 0.01 |
| −31 | 1999q2 | 0.01 | −0.04 | −0.07 | −0.05 | 0.01 | 0.02 | −0.04 | 0.00 | 0.05 | 0.02 |
| −30 | 1999q3 | 0.01 | −0.06 | −0.09 | −0.08 | 0.01 | 0.03 | −0.10 | −0.09 | −0.03 | 0.04 |
| −29 | 1999q4 | 0.01 | −0.09 | −0.10 | −0.09 | 0.02 | 0.05 | −0.19 | −0.19 | −0.12 | 0.06 |
| −28 | 2000q1 | 0.02 | −0.13 | −0.12 | −0.10 | 0.02 | 0.06 | −0.33 | −0.32 | −0.22 | 0.08 |
| −27 | 2000q2 | 0.02 | −0.14 | −0.12 | −0.09 | 0.02 | 0.08 | −0.47 | −0.43 | −0.31 | 0.10 |
| −26 | 2000q3 | 0.02 | −0.14 | −0.14 | −0.11 | 0.02 | 0.10 | −0.60 | −0.57 | −0.43 | 0.12 |

续表

| 事件期 | | 异常收益 | | | | | 累积异常收益 | | | | |
|---|---|---|---|---|---|---|---|---|---|---|---|
| | | GDP | 失业率 | 出口额 | 进口额 | CPI | GDP | 失业率 | 出口额 | 进口额 | CPI |
| −25 | 2000q4 | 0.01 | **−0.13** | **−0.14** | **−0.11** | 0.01 | 0.11 | −0.74 | −0.71 | −0.54 | 0.13 |
| −24 | 2001q1 | 0.01 | **−0.12** | **−0.07** | **−0.07** | 0.02 | 0.13 | −0.86 | −0.78 | −0.61 | 0.15 |
| −23 | 2001q2 | 0.01 | **−0.08** | **−0.11** | **−0.10** | 0.01 | 0.14 | −0.94 | −0.89 | −0.71 | 0.16 |
| −22 | 2001q3 | 0.01 | **−0.06** | **−0.10** | **−0.11** | 0.01 | 0.14 | −1.00 | −0.99 | −0.82 | 0.17 |
| −21 | 2001q4 | 0.00 | −0.02 | −0.04 | **−0.06** | 0.00 | 0.15 | −1.02 | −1.04 | −0.87 | 0.17 |
| −20 | 2002q1 | 0.00 | 0.02 | **−0.06** | **−0.09** | 0.00 | 0.15 | −1.00 | −1.10 | −0.96 | 0.17 |
| −19 | 2002q2 | 0.00 | 0.02 | **−0.06** | **−0.08** | 0.00 | 0.14 | −0.98 | −1.16 | −1.04 | 0.17 |
| −18 | 2002q3 | 0.00 | **0.05** | −0.02 | −0.04 | 0.00 | 0.14 | −0.92 | −1.17 | −1.08 | 0.17 |
| −17 | 2002q4 | −0.01 | **0.06** | 0.00 | −0.02 | 0.00 | 0.13 | −0.86 | −1.17 | −1.09 | 0.17 |
| −16 | 2003q1 | −0.01 | **0.07** | 0.00 | −0.01 | −0.01 | 0.12 | −0.79 | −1.17 | −1.10 | 0.16 |
| −15 | 2003q2 | −0.01 | **0.07** | **0.07** | **0.07** | −0.01 | 0.10 | −0.72 | −1.09 | −1.04 | 0.15 |
| −14 | 2003q3 | −0.01 | **0.09** | **0.06** | **0.05** | −0.01 | 0.09 | −0.63 | −1.03 | −0.99 | 0.14 |
| −13 | 2003q4 | −0.01 | **0.09** | **0.11** | **0.09** | −0.01 | 0.08 | −0.54 | −0.92 | −0.90 | 0.13 |
| −12 | 2004q1 | −0.01 | **0.10** | **0.10** | **0.09** | −0.01 | 0.07 | −0.44 | −0.81 | −0.81 | 0.12 |
| −11 | 2004q2 | −0.01 | **0.08** | **0.08** | **0.07** | −0.01 | 0.06 | −0.36 | −0.74 | −0.74 | 0.12 |
| −10 | 2004q3 | −0.01 | **0.08** | **0.06** | **0.05** | −0.01 | 0.04 | −0.29 | −0.68 | −0.69 | 0.11 |
| −9 | 2004q4 | −0.01 | **0.07** | **0.08** | **0.07** | −0.01 | 0.03 | −0.22 | −0.60 | −0.62 | 0.10 |
| −8 | 2005q1 | −0.01 | **0.07** | **0.05** | **0.05** | −0.01 | 0.02 | −0.15 | −0.55 | −0.57 | 0.09 |
| −7 | 2005q2 | −0.01 | **0.06** | 0.03 | 0.03 | −0.01 | 0.00 | −0.09 | −0.52 | −0.54 | 0.09 |
| −6 | 2005q3 | −0.01 | 0.03 | 0.00 | 0.00 | −0.01 | −0.05 | −0.52 | −0.54 | 0.08 |
| −5 | 2005q4 | −0.01 | 0.04 | −0.01 | 0.00 | −0.01 | −0.01 | −0.02 | −0.53 | −0.54 | 0.08 |
| −4 | 2006q1 | 0.00 | 0.00 | 0.00 | 0.02 | 0.00 | −0.01 | −0.01 | −0.52 | −0.53 | 0.07 |
| −3 | 2006q2 | 0.00 | −0.02 | 0.02 | 0.03 | 0.00 | −0.01 | −0.04 | −0.50 | −0.50 | 0.07 |
| −2 | 2006q3 | 0.00 | −0.04 | 0.02 | 0.03 | 0.00 | −0.01 | −0.08 | −0.48 | −0.47 | 0.07 |

续表

| 事件期 | | 异常收益 | | | | | 累积异常收益 | | | | |
| --- | --- | --- | --- | --- | --- | --- | --- | --- | --- | --- | --- |
| | | GDP | 失业率 | 出口额 | 进口额 | CPI | GDP | 失业率 | 出口额 | 进口额 | CPI |
| −1 | 2006q4 | 0.01 | **−0.06** | **0.08** | **0.08** | 0.00 | 0.00 | −0.14 | −0.40 | −0.39 | 0.06 |
| 0 | 2007q1 | 0.01 | **−0.11** | **0.09** | **0.09** | 0.00 | 0.01 | −0.25 | −0.31 | −0.30 | 0.06 |
| 1 | 2007q2 | 0.01 | **−0.13** | **0.05** | **0.06** | 0.00 | 0.01 | −0.38 | −0.26 | −0.24 | 0.05 |
| 2 | 2007q3 | 0.01 | **−0.14** | **0.06** | **0.06** | 0.00 | 0.02 | −0.52 | −0.20 | −0.18 | 0.05 |
| 3 | 2007q4 | 0.00 | **−0.16** | **0.06** | **0.06** | 0.00 | 0.02 | −0.68 | −0.14 | −0.12 | 0.05 |
| 4 | 2008q1 | 0.00 | **−0.18** | **0.07** | **0.07** | 0.00 | 0.03 | −0.86 | −0.06 | −0.05 | 0.04 |
| 5 | 2008q2 | 0.00 | **−0.14** | 0.04 | 0.03 | −0.01 | 0.02 | −1.00 | −0.03 | −0.02 | 0.03 |
| 6 | 2008q3 | −0.01 | **−0.09** | 0.02 | 0.02 | −0.02 | 0.01 | −1.09 | −0.01 | −0.01 | 0.01 |
| 7 | 2008q4 | −0.02 | 0.03 | −0.01 | 0.00 | −0.03 | −0.01 | −1.06 | −0.02 | −0.01 | −0.02 |

附表 1.7　油价下跌期间经济波动情况（中国）

| 事件期 | | 异常收益 | | | | | 累积异常收益 | | | | |
| --- | --- | --- | --- | --- | --- | --- | --- | --- | --- | --- | --- |
| | | GDP | 失业率 | 出口额 | 进口额 | CPI | GDP | 失业率 | 出口额 | 进口额 | CPI |
| −7 | 2008m5 | **−0.45** | −0.01 | **0.13** | 0.01 | 0.01 | −0.45 | −0.01 | 0.13 | 0.01 | 0.01 |
| −6 | 2008m6 | **−0.45** | 0.00 | **0.07** | −0.04 | 0.00 | −0.91 | −0.01 | 0.20 | −0.04 | 0.01 |
| −5 | 2008m7 | **−0.27** | 0.00 | **0.12** | −0.01 | 0.00 | −1.18 | −0.01 | 0.32 | −0.05 | 0.02 |
| −4 | 2008m8 | **0.13** | 0.00 | **0.15** | 0.02 | 0.00 | −1.04 | −0.02 | 0.47 | −0.03 | 0.01 |
| −3 | 2008m9 | **0.45** | 0.00 | **0.10** | −0.01 | 0.00 | −0.60 | −0.01 | 0.57 | −0.04 | 0.01 |
| −2 | 2008m10 | **1.27** | 0.01 | **0.15** | **0.15** | 0.01 | 0.67 | −0.01 | 0.72 | 0.11 | 0.02 |
| −1 | 2008m11 | **1.90** | 0.00 | **0.09** | 0.01 | 0.00 | 2.57 | 0.00 | 0.81 | 0.12 | 0.02 |
| 0 | 2008m12 | **2.52** | 0.00 | **0.09** | 0.04 | 0.00 | 5.09 | −0.01 | 0.91 | 0.16 | 0.02 |
| 1 | 2009m1 | **1.44** | 0.00 | 0.01 | **−0.27** | 0.00 | 6.53 | −0.01 | 0.92 | −0.10 | 0.02 |
| 2 | 2009m2 | **0.70** | 0.00 | **−0.08** | **0.08** | −0.01 | 7.22 | −0.01 | 0.84 | −0.02 | 0.01 |
| 3 | 2009m3 | **−0.36** | 0.00 | 0.03 | 0.01 | −0.01 | 6.87 | −0.01 | 0.87 | −0.01 | 0.00 |
| 4 | 2009m4 | **−0.79** | 0.02 | 0.00 | 0.02 | 0.00 | 6.07 | 0.00 | 0.87 | 0.01 | 0.00 |

附表 1.8　油价下跌期间经济波动情况（美国）

| 事件期 | | 异常收益 | | | | | 累积异常收益 | | | | |
|---|---|---|---|---|---|---|---|---|---|---|---|
| | | GDP | 失业率 | 出口额 | 进口额 | CPI | GDP | 失业率 | 出口额 | 进口额 | CPI |
| −7 | 2008m5 | −0.01 | −0.01 | 0.02 | **−0.07** | 0.00 | −0.01 | −0.01 | 0.02 | −0.07 | 0.00 |
| −6 | 2008m6 | −0.01 | −0.01 | 0.03 | **−0.06** | 0.00 | −0.02 | −0.02 | 0.05 | −0.14 | 0.00 |
| −5 | 2008m7 | 0.00 | −0.02 | **0.05** | −0.02 | 0.00 | −0.02 | −0.04 | 0.10 | −0.16 | 0.00 |
| −4 | 2008m8 | 0.01 | 0.00 | 0.03 | **−0.06** | 0.00 | −0.01 | −0.04 | 0.13 | −0.22 | 0.01 |
| −3 | 2008m9 | 0.02 | −0.01 | −0.01 | **−0.06** | 0.00 | 0.00 | −0.06 | 0.11 | −0.28 | 0.01 |
| −2 | 2008m10 | 0.04 | 0.00 | 0.02 | −0.04 | 0.01 | 0.04 | −0.06 | 0.14 | −0.32 | 0.02 |
| −1 | 2008m11 | **0.05** | 0.00 | 0.02 | **−0.09** | 0.00 | 0.09 | −0.06 | 0.16 | −0.41 | 0.01 |
| 0 | 2008m12 | **0.07** | 0.00 | 0.02 | **−0.06** | 0.00 | 0.16 | −0.07 | 0.18 | −0.47 | 0.01 |
| 1 | 2009m1 | 0.04 | 0.01 | **−0.06** | **−0.16** | 0.00 | 0.19 | −0.06 | 0.12 | −0.63 | 0.01 |
| 2 | 2009m2 | 0.02 | 0.02 | −0.03 | **−0.16** | 0.00 | 0.21 | −0.04 | 0.09 | −0.78 | 0.00 |
| 3 | 2009m3 | −0.01 | 0.03 | **−0.05** | **−0.17** | −0.01 | 0.20 | −0.01 | 0.04 | −0.95 | 0.00 |
| 4 | 2009m4 | −0.02 | 0.02 | −0.04 | **−0.13** | −0.01 | 0.18 | 0.00 | 0.00 | −1.09 | 0.00 |

附表 1.9　油价下跌期间经济波动情况（日本）

| 事件期 | | 异常收益 | | | | | 累积异常收益 | | | | |
|---|---|---|---|---|---|---|---|---|---|---|---|
| | | GDP | 失业率 | 出口额 | 进口额 | CPI | GDP | 失业率 | 出口额 | 进口额 | CPI |
| −7 | 2008m5 | 0.01 | −0.01 | 0.00 | 0.02 | 0.00 | 0.01 | −0.01 | 0.00 | 0.02 | 0.00 |
| −6 | 2008m6 | 0.01 | −0.01 | 0.01 | 0.04 | 0.00 | 0.01 | −0.02 | 0.01 | 0.06 | 0.00 |
| −5 | 2008m7 | 0.00 | −0.02 | 0.02 | 0.03 | 0.00 | 0.02 | −0.04 | 0.03 | 0.09 | 0.01 |
| −4 | 2008m8 | 0.00 | −0.01 | 0.03 | **0.06** | 0.00 | 0.02 | −0.05 | 0.06 | 0.16 | 0.01 |
| −3 | 2008m9 | 0.00 | −0.04 | 0.04 | 0.03 | 0.00 | 0.03 | −0.10 | 0.10 | 0.19 | 0.01 |
| −2 | 2008m10 | 0.00 | **−0.07** | **0.05** | **0.07** | 0.00 | 0.03 | −0.17 | 0.16 | 0.26 | 0.01 |
| −1 | 2008m11 | 0.00 | 0.02 | 0.03 | **0.05** | 0.00 | 0.03 | −0.15 | 0.18 | 0.32 | 0.01 |
| 0 | 2008m12 | 0.00 | **0.08** | 0.02 | −0.01 | 0.00 | 0.03 | −0.07 | 0.21 | 0.31 | 0.01 |
| 1 | 2009m1 | 0.00 | 0.01 | **−0.09** | −0.03 | 0.00 | 0.03 | −0.06 | 0.12 | 0.27 | 0.01 |
| 2 | 2009m2 | −0.01 | 0.03 | **−0.09** | **−0.16** | 0.00 | 0.02 | −0.03 | 0.03 | 0.11 | 0.00 |
| 3 | 2009m3 | −0.01 | **0.05** | **−0.05** | **−0.07** | 0.00 | 0.00 | 0.03 | −0.02 | 0.04 | 0.00 |
| 4 | 2009m4 | −0.01 | **0.05** | 0.01 | −0.03 | 0.00 | 0.00 | 0.08 | 0.00 | 0.00 | −0.01 |

附表 1.10　油价下跌期间经济波动情况（印度）

| 事件期 | | 异常收益 | | | | | 累积异常收益 | | | | |
|---|---|---|---|---|---|---|---|---|---|---|---|
| | | GDP | 失业率 | 出口额 | 进口额 | CPI | GDP | 失业率 | 出口额 | 进口额 | CPI |
| −7 | 2008m5 | 0.00 | n/a | −0.03 | *0.05* | 0.00 | 0.00 | n/a | −0.03 | 0.05 | 0.00 |
| −6 | 2008m6 | 0.00 | n/a | *0.07* | *0.06* | 0.00 | −0.01 | n/a | 0.04 | 0.10 | 0.00 |
| −5 | 2008m7 | 0.00 | n/a | *0.06* | *0.09* | 0.00 | −0.01 | n/a | 0.10 | 0.20 | 0.00 |
| −4 | 2008m8 | 0.00 | n/a | *0.08* | *0.20* | 0.00 | 0.00 | n/a | 0.18 | 0.40 | 0.00 |
| −3 | 2008m9 | 0.00 | n/a | −0.02 | *0.05* | 0.01 | 0.00 | n/a | 0.16 | 0.44 | 0.01 |
| −2 | 2008m10 | 0.01 | n/a | −0.03 | *−0.13* | 0.00 | 0.00 | n/a | 0.13 | 0.32 | 0.01 |
| −1 | 2008m11 | 0.01 | n/a | *−0.07* | *0.06* | 0.00 | 0.00 | n/a | 0.06 | 0.38 | 0.01 |
| 0 | 2008m12 | 0.01 | n/a | 0.02 | −0.01 | 0.00 | 0.02 | n/a | 0.07 | 0.37 | 0.01 |
| 1 | 2009m1 | −0.01 | n/a | *0.05* | 0.00 | 0.00 | 0.01 | n/a | 0.13 | 0.37 | 0.01 |
| 2 | 2009m2 | −0.03 | n/a | *0.06* | −0.01 | 0.00 | −0.02 | n/a | 0.19 | 0.36 | 0.01 |
| 3 | 2009m3 | *−0.05* | n/a | *−0.13* | *−0.20* | 0.00 | −0.06 | n/a | 0.05 | 0.17 | 0.00 |
| 4 | 2009m4 | *0.07* | n/a | *−0.06* | *−0.16* | 0.00 | 0.01 | n/a | 0.00 | 0.00 | 0.00 |

附表 1.11　油价下跌期间经济波动情况（俄罗斯）

| 事件期 | | 异常收益 | | | | | 累积异常收益 | | | | |
|---|---|---|---|---|---|---|---|---|---|---|---|
| | | GDP | 失业率 | 出口额 | 进口额 | CPI | GDP | 失业率 | 出口额 | 进口额 | CPI |
| −7 | 2008m5 | 0.04 | *−0.08* | 0.01 | 0.01 | 0.00 | 0.04 | −0.08 | 0.01 | 0.01 | 0.00 |
| −6 | 2008m6 | 0.03 | −0.02 | *0.05* | −0.03 | 0.00 | 0.07 | −0.10 | 0.06 | −0.02 | 0.00 |
| −5 | 2008m7 | 0.04 | *−0.07* | *0.07* | *0.05* | 0.00 | 0.11 | −0.17 | 0.13 | 0.03 | 0.00 |
| −4 | 2008m8 | 0.04 | *−0.07* | *0.09* | 0.02 | 0.00 | 0.15 | −0.24 | 0.22 | 0.06 | 0.00 |
| −3 | 2008m9 | 0.04 | *−0.08* | *0.08* | *0.11* | 0.00 | 0.19 | −0.33 | 0.31 | 0.17 | 0.00 |
| −2 | 2008m10 | 0.03 | *−0.09* | *0.10* | *0.07* | 0.00 | 0.21 | −0.41 | 0.41 | 0.24 | 0.00 |
| −1 | 2008m11 | 0.01 | *−0.06* | *0.09* | −0.02 | 0.00 | 0.23 | −0.48 | 0.50 | 0.22 | 0.00 |
| 0 | 2008m12 | 0.00 | 0.02 | 0.04 | 0.04 | 0.00 | 0.22 | −0.45 | 0.54 | 0.26 | 0.00 |
| 1 | 2009m1 | −0.03 | *0.08* | *−0.22* | *−0.17* | 0.00 | 0.20 | −0.37 | 0.32 | 0.09 | 0.00 |
| 2 | 2009m2 | −0.04 | *0.13* | *−0.14* | 0.02 | 0.00 | 0.15 | −0.25 | 0.17 | 0.11 | 0.00 |
| 3 | 2009m3 | *−0.06* | *0.13* | *−0.15* | *−0.05* | 0.00 | 0.09 | −0.11 | 0.02 | 0.05 | 0.00 |
| 4 | 2009m4 | *−0.09* | *0.11* | −0.02 | *−0.06* | 0.00 | 0.00 | 0.00 | 0.01 | 0.00 | 0.00 |

**附表 1.12 油价下跌期间经济波动情况（欧盟 27 国）**

| 事件期 | | 异常收益 | | | | | 累积异常收益 | | | | |
|---|---|---|---|---|---|---|---|---|---|---|---|
| | | GDP | 失业率 | 出口额 | 进口额 | CPI | GDP | 失业率 | 出口额 | 进口额 | CPI |
| −7 | 2008m5 | 0.00 | −0.02 | 0.00 | 0.01 | 0.00 | 0.00 | −0.02 | 0.00 | 0.01 | 0.00 |
| −6 | 2008m6 | 0.00 | −0.01 | 0.01 | 0.02 | 0.00 | 0.00 | −0.04 | 0.01 | 0.03 | 0.00 |
| −5 | 2008m7 | 0.00 | −0.01 | 0.03 | 0.04 | 0.00 | 0.00 | −0.05 | 0.04 | 0.07 | 0.01 |
| −4 | 2008m8 | 0.00 | −0.03 | 0.00 | 0.01 | 0.00 | −0.01 | −0.08 | 0.04 | 0.08 | 0.01 |
| −3 | 2008m9 | 0.00 | −0.02 | 0.02 | 0.03 | 0.00 | −0.01 | −0.10 | 0.07 | 0.11 | 0.01 |
| −2 | 2008m10 | 0.00 | −0.01 | 0.01 | 0.01 | 0.00 | −0.01 | −0.11 | 0.08 | 0.12 | 0.01 |
| −1 | 2008m11 | 0.00 | −0.01 | **−0.05** | −0.04 | 0.00 | −0.01 | −0.12 | 0.03 | 0.08 | 0.01 |
| 0 | 2008m12 | 0.00 | −0.01 | **0.05** | **0.05** | 0.00 | −0.01 | −0.12 | 0.09 | 0.13 | 0.01 |
| 1 | 2009m1 | 0.00 | 0.03 | −0.03 | −0.02 | 0.00 | −0.01 | −0.10 | 0.06 | 0.10 | 0.01 |
| 2 | 2009m2 | 0.00 | 0.03 | −0.03 | −0.04 | 0.00 | −0.01 | −0.06 | 0.03 | 0.07 | 0.01 |
| 3 | 2009m3 | 0.00 | 0.04 | −0.02 | −0.04 | 0.00 | 0.00 | −0.03 | 0.01 | 0.03 | 0.01 |
| 4 | 2009m4 | 0.01 | 0.03 | 0.00 | −0.02 | 0.00 | 0.00 | 0.01 | 0.01 | 0.01 | 0.00 |

# 附录二　石油价格波动诱因 OWL 描述

```
/****************************************************************/
```

## 石油价格波动诱因 OWL 描述(部分)

```
/****************************************************************/
Ontology(< http://www.semanticweb.org/ontologies/2010/2/Ontology1267444559234.owl>
// Class: http://www.semanticweb.org/ontologies/2010/2/Ontology1267444559234.owl #
政策
SubClassOf(政策 owl:Thing)
// Class: http://www.semanticweb.org/ontologies/2010/2/Ontology1267444559234.owl #
经济
SubClassOf(经济 owl:Thing)
// Class: http://www.semanticweb.org/ontologies/2010/2/Ontology1267444559234.owl #
其他
SubClassOf(其他 owl:Thing)
// Class: http://www.w3.org/2002/07/owl# Thing
……
// Class: http://www.semanticweb.org/ontologies/2010/2/Ontology1267444559234.owl # 非
欧佩克石油输出国政策
SubClassOf(非欧佩克石油输出国政策 政策)
// Class: http://www.semanticweb.org/ontologies/2010/2/Ontology1267444559234.owl #
投机
SubClassOf(投机 其他)
// Class: http://www.semanticweb.org/ontologies/2010/2/Ontology1267444559234.owl # 国
际战争
SubClassOf(国际战争 战争)
……
// Individual: http://www.semanticweb.org/ontologies/2010/2/Ontology1267444559234.owl
# 安哥拉加入欧佩克
ClassAssertion(安哥拉加入欧佩克 其他本体事件)
ClassAssertion(安哥拉加入欧佩克 owl:NamedIndividual)

// Individual: http://www.semanticweb.org/ontologies/2010/2/Ontology1267444559234.owl
```

```
# 欧佩克消减生产 4.2 百万桶每天
ClassAssertion(欧佩克消减生产 4.2 百万桶每天 欧佩克政策)
ClassAssertion(欧佩克消减生产 4.2 百万桶每天 owl:NamedIndividual)


// Individual: http://www.semanticweb.org/ontologies/2010/2/Ontology1267444559234.owl
# 对石油输出国的战争
ClassAssertion(对石油输出国的战争 国际战争)
ClassAssertion(对石油输出国的战争 owl:NamedIndividual)


// Individual: http://www.semanticweb.org/ontologies/2010/2/Ontology1267444559234.owl
# 飓风引起墨西哥湾的原油和天然气生产的显著减少
ClassAssertion(飓风引起墨西哥湾的原油和天然气生产的显著减少 飓风)
ClassAssertion(飓风引起墨西哥湾的原油和天然气生产的显著减少 owl:NamedIndividual)


// Individual: http://www.semanticweb.org/ontologies/2010/2/Ontology1267444559234.owl
# 京都议定书制定
ClassAssertion(京都议定书制定 环境保护)
ClassAssertion(京都议定书制定 owl:NamedIndividual)
……
```

# 附录三　石油价格大事记(1970～2009 年)

附表 3.1　石油价格大事记

| Date (MM/YY) | Oil Price ($/barrel) | Events | Major Events |
|---|---|---|---|
| 01/70 | 10.17 | U. S. Federal oil depletion allowance reduced from 27.5 to 22.0 percent. | |
| 05/70 | 9.96 | TAP line from Saudi Arabia to the Mediterranean interrupted in Syria | |
| 09/70 | 9.8 | Libya raises posted prices and increases tax rate from 50 percent to 55 percent. Iran and Kuwait follow in November | |
| 12/70 | 9.66 | OPEC meeting in Caracas establishes 55 percent as minimum tax rate and demands that posted prices be changed to reflect changes in foreign exchange rates | |
| 02/71 | 10.65 | Companies accept 55 percent tax rate，immediate increase in posted prices，and further successive increases. Algeria nationalizes 51 percent of French oil concessions | |
| 04/71 | 11.61 | Agreement in Tripoli raises posted prices of oil delivered to Mediterranean from $2.55 to $3.45 per barrel | |
| 07/71 | 11.44 | Venezuelas Hydrocarbons Reversion Law mandates gradual transfer to government ownership of all "unexploited concession areas" by 1974 and "all their residual assets" by 1983 | |
| 08/71 | 11.41 | U. S. Government institutes Phase I price controls. President Nixon orders 90-day nationwide freeze on all wages，prices，salaries and rents | |

| Date (MM/YY) | Oil Price ( $ /barrel) | Events | Major Events |
|---|---|---|---|
| 11/71 | 11.38 | U. S. Phase II price controls begin | |
| 12/71 | 11.33 | Libya nationalizes British Petroleum concession | |
| 03/72 | 12.79 | OPEC threatens " appropriate sanctions " against companies that fail to comply with... any action taken by a Member Country in accordance with [OPEC] decisions | |
| 06/72 | 12.7 | Iraq nationalizes Iraq Petroleum Companys (IPC) concession owned by British Petroleum, Royal Dutch-Shell, Compagnie Francaise des Petroles, Mobil and Standard Oil of New Jersey (now Exxon) | |
| 10/72 | 12.52 | OPEC approves plan providing for 25 percent government ownership of all Western oil interests operating within Kuwait, Qatar, Abu Dhabi and Saudi Arabia beginning on January 1, 1973, and rising to 51 percent by January 1, 1983. (Iraq declines to agree. ) | |
| 01/73 | 12.98 | U. S. Phase III price controls begin. This does not prevent a sharp rise in heating oil prices caused by a severe winter and shortage of product. | |
| 02/73 | 12.89 | Iraq and IPC reach an agreement on compensation for nationalization | |
| 03/73 | 12.77 | Shah of Iran and Consortium members agree to nationalize all assets immediately in return for an assured 20-year supply of Iranian oil | |
| 09/73 | 12.24 | Libya nationalizes 51 percent of oil concessions in August and September | |
| 10/73 | 19.03 | Beginning of fourth Arab-Israeli War. Arab oil embargo begins October 19-20 | Arab Oil Embargo |

| Date (MM/YY) | Oil Price ($/barrel) | Events | Major Events |
|---|---|---|---|
| 11/73 | 24.1 | President Nixon signs the Emergency Petroleum Allocation Act (EPAA). Authorizes petroleum price，production，allocation and marketing controls | |
| 12/73 | 23.94 | OPEC Gulf Six decides to raise the posted price of marker crude from $5.12 to $11.65 per barrel effective January 1，1974 | |
| 03/74 | 52.04 | Arab oil ministers announce the end of the embargo against the United States March 18，all except Libya | |
| 04/76 | 50.57 | Lebanese civil war causes drop in Iraq exports through trans-Lebanon pipelines to Mediterranean | |
| 05/77 | 51.49 | Fifty percent of Saudi Arabias 10 MMB/D production is halted briefly due to fire damage to separation facility in Abqaiq field. Prices increase slightly | |
| 10/78 | 46.35 | Pipeline fire drops Iraqi production 300,000 to 600,000 barrels per day | |
| 11/78 | 46.33 | | |
| 12/78 | 46.58 | Iranian strikes and civil unrest - production falls and hits a 27-year low. OPEC production rises 1.6 MMBD over two months due to increased Saudi production | |
| 01/79 | 47.96 | Iranian revolution，Shah deposed | Iranian Revolution |
| 04/79 | 52.79 | OPEC raises prices 14.5% | |
| 06/79 | 61.83 | Phased oil price decontrol in the U.S. begins | |
| 07/79 | 67.17 | OPEC raises prices average of 15 percent | |

续表

| Date (MM/YY) | Oil Price ($/barrel) | Events | Major Events |
|---|---|---|---|
| 11/79 | 75.41 | Iran takes hostages; President Carter halts imports from Iran; Iran cancels US contracts | |
| 04/80 | 87.87 | Saudi Light raised to $28.00 per barrel, retroactive to April 1 | |
| 09/80 | 87.14 | Iran-Iraq war begins | Iran-Iraq War |
| 01/81 | 94.49 | President Reagan lifts remaining domestic petroleum price and allocation controls originally scheduled to expire in September 1981 | |
| 06/81 | 86.8 | Saudis flood market with inexpensive oil in 1981, forcing unprecedented price cuts by OPEC members | |
| 03/82 | 76.1 | Syria closes Iraqs 400,000 bbl/d trans-Syrian oil export pipeline to show support for Iran | |
| 04/83 | 60.03 | Oil glut takes hold. Demand falls as a result of conservation, use of other fuels and recession. OPEC agrees to individual output quotas and cuts prices by $5 to $29 per barrel | |
| 03/84 | 59.67 | Beginning of tanker war in the Persian Gulf | |
| 10/84 | 58.17 | OPEC cuts production target to 16 million bbl/d, but agreement is negated by cheating and price-discounting | |
| 12/85 | 50.89 | OPEC output hits 18 million bbl/d, triggering a price war | |
| 02/86 | 35.05 | Saudi Arabia abandons swing producer role after OPEC fails to agree upon a production accord after a two-day meeting in Vienna | Saudi Arabia Abandons Swing Producer Role |
| 06/86 | 23.82 | Average world oil prices fall by over 50 percent in 1986. There is wide use of netback pricing in 1986 | |
| 12/86 | 27.12 | OPEC reaches an accord that would cut production by seven percent for the first six months of 1987 (from 17 to 16 million bbl/d) | |

| Date (MM/YY) | Oil Price ($/barrel) | Events | Major Events |
|---|---|---|---|
| 12/87 | 31.55 | OPEC meeting failure | |
| 03/88 | 26.8 | OPEC/Non-OPEC meeting failure | |
| 11/88 | 22.33 | OPEC reaches production accord. Six-month agreement to set production at 18.5 million bbl/d | |
| 12/88 | 24.79 | Fulmar/Brent outages in North Sea | |
| 06/89 | 31.23 | OPEC raises their production ceiling to 19.5 million bbbl/d | |
| 08/90 | 39.13 | Iraq invades Kuwait | Iraq Invades Kuwait |
| 01/91 | 35.18 | U.S. begins air attack against Iraqi military targets. President Bush directs drawdown of U.S. Strategic Petroleum Reserve (SPR) | |
| 02/91 | 28.81 | Persian Gulf War ends | |
| 12/91 | 26.38 | Soviet Union collapses; oil production and exports fall | |
| 10/92 | 28.96 | Ecuador withdraws from OPEC | |
| 04/94 | 20.96 | Nigerian production disrupted by oil workers strike | |
| 01/95 | 23.35 | Gabon withdraws from OPEC | |
| 06/95 | 24.26 | OPEC rolls over quotas of 25.42 million bbl/d | |
| 11/95 | 22.8 | OPEC rolls over its production quota | |
| 04/96 | 29 | In the United States, President Clinton approves the sale of of crude oil from the Strategic Petroleum Reserve when gasoline prices are at their highest levels in five years | |
| 11/97 | 23.46 | For the first time in four years, OPEC agrees to an increase in its production ceiling. OPEC has raised the ceiling to 27.5 million bbl/d for the first half of 1998 | |

续表

| Date (MM/YY) | Oil Price ($ /barrel) | Events | Major Events |
|---|---|---|---|
| 01/98 | 18.78 | Asian economic crisis cuts economic growth and oil demand | Asian Economic Crisis |
| 04/98 | 16.74 | OPEC agrees to quota cuts totaling 1.245 million bbl/d effective April 1, 1998 | |
| 06/98 | 15.13 | OPEC cuts quotas again by 1.355 million bbl/d, effective July 1, 1998 | |
| 03/99 | 15.55 | OPEC and non-OPEC countries agree to cut oil output by a combined 2.104 million barrels per day, effective April 1, 1999, for one year. OPEC members have pledged to cut 1.716 million barrels per day, while several non-OPEC countries have pledged total red | OPEC Quota Cuts |
| 03/00 | 34.45 | OPEC oil ministers agree on an increase in oil production of 1.452 million bbl/d by its members, excluding Iran and Iraq | |
| 06/00 | 35.67 | OPEC oil ministers, meeting in Vienna, agree to raise crude oil production quotas by a total of 708,000 bbl/d | |
| 09/00 | 37.37 | President Clinton authorizes the release of 30 million barrels of oil from the Strategic Petroleum Reserve (SPR) over 30 days to bolster oil supplies, particularly heating oil in the Northeast T | |
| 10/00 | 36.27 | OPEC production quotas raised by 800,000 barrels per day to 26.2 million bbl/d excluding Iraq | |
| 11/00 | 36.53 | OPEC oil ministers, meeting in Vienna, leave production quotas unchanged | |
| 01/01 | 29.62 | OPEC agrees at a meeting of ministers in Vienna to reduce members production quotas by 1.5 million bbl/d | |

| Date (MM/YY) | Oil Price ($/barrel) | Events | Major Events |
|---|---|---|---|
| 06/01 | 28.64 | OPEC ministers agree to leave the cartels oil production quotas unchanged | |
| 07/01 | 27.19 | OPEC ministers agree to cut crude oil production quotas by about 4%, or one million bbl/d to take effect September 1 | |
| 09/01 | 26.88 | Oil prices fall sharply following the September 11, 2001 terrorist attacks on the United States. Later in the month, OPEC keeps its production quotas unchanged at 23.2 million bbl/d | 9/11 Attachs |
| 01/02 | 20.34 | OPEC cuts its crude oil output quotas by 1.5 million bbl/d effective January 1, asking non-OPEC producers cut their output by 500,000 bbl/d as well | |
| 12/02 | 31.1 | Business and labor groups in Venezuela, including employees of state-oil company PdVSA, begin a strike | PdVSA Srike in Venezuela |
| 02/03 | 37.27 | OPEC raises the aggregate production quota of its members (excluding Iraq) from 23 to 24.5 million bbl/d effective February 1 | |
| 03/03 | 33.78 | Military action in Iraq commences on March 19, 2003. Iraqi oil production declines. OPEC decides to maintain crude oil production quotas at 24.5 million bbl/d | War in Iraq |
| 04/03 | 28.39 | OPEC oil ministers decide to simultaneously reduce crude oil production by 2 million bbl/d effective June 1, and increase their overall production quota by 900,000 bbl/d to a total quota of 25.4 million bbl/d | |
| 06/03 | 31.51 | OPEC keeps its quotas unchanged | |
| 07/03 | 32.21 | OPEC keeps its quotas unchanged | |

| Date<br>(MM/YY) | Oil Price<br>($/barrel) | Events | Major Events |
|---|---|---|---|
| 11/03 | 31.48 | OPEC cuts its quotas by 900,000 bbl/d to 24.5 million bbl/d, effective November 1 | |
| 12/03 | 32.74 | OPEC holds its 128th meeting to review oil markets in Vienna, Austria, leaving OPEC 10 output quotas unchanged | |
| 04/04 | 36.55 | OPEC agrees to lower by its quotas 1 million bbl/d to 23.5 million bbl/d, effective April 1 | |
| 06/04 | 37.62 | OPEC Ministers meeting in Beirut agree to raise production quotas by a combined 2 million bbl/d effective July 1 and a further 500,000 bbl/d effective August 1 | |
| 09/04 | 45.14 | In the biggest disruption of the regions output in at least two years, Hurricane Ivan forces Shell Oil Co., ChevronTexaco, ExxonMobil, and Total, to shut some hundreds of thousands of barrels per day of Gulf of Mexico oil production | Hurrican Ivan |
| 10/05 | 41.52 | OPEC cuts crude oil production by 1 million bbl/d effective January 1 to official quota levels, but leaves quotas unchanged | |
| 03/05 | 50.35 | OPEC meets in Isfahan, Iran, and agrees to lift oil production limits by 500,000 barrels per day (from 27 million bbl/d to 27.5 million bbl/d), effective immediately | |
| 06/05 | 53.78 | OPEC announces that it will increase its production quota by 500,000 bbl/d, to 28 million bbl/d | |
| 08/05 | 63.28 | Tropical storm Cindy and Hurricanes Dennis, Katrina, and Rita strike the U.S. Gulf of Mexico, severely impacting oil and natural gas production there | Hurricanes Dennis, Katrina, and Rita |

| Date (MM/YY) | Oil Price ($/barrel) | Events | Major Events |
|---|---|---|---|
| 12/05 | 54.2 | OPEC announces that it will maintain its current level of oil production | |
| 02/06 | 56.17 | Militant attacks in Nigeria shut down more than 600,000 bbl/d of oil production | Nigerian Cut-Offs |
| 03/06 | 58.7 | OPEC decides to maintain its current crude oil production ceiling (excluding Iraq) at 28 million bbl/d | |
| 06/06 | 67.03 | OPEC leaves its quotas unchanged | |
| 09/06 | 59.77 | OPEC leaves its quotas unchanged | |
| 11/06 | 55.25 | OPEC agrees to reduce its output from 27.5 to 26.3 million bbl/d effective November 1 | |
| 01/07 | 51.59 | Angola joins OPEC | |
| 02/07 | 55.77 | OPEC agree to cut its crude oil output by 500,000 bbl/d, effective February 1, 2007 | |
| 03/07 | 58.23 | OPEC keeps its quotas unchanged | |
| 05/07 | 63.09 | A series of disruptions reduces Nigerian production; an average of 750,000 bbl/d of oil production is shut-in during May | |
| 09/07 | 73.42 | OPEC decided to raise the volume of crude supplied by OPEC members (excluding Iraq and Angola) by 500,000 bbl/d effective November 1 to reach a new target of 27.2 million bbl/d | |
| 12/07 | 83.52 | OPEC leaves its quotas unchanged | |
| 05/08 | 115.07 | President Bush signs into law a bill that temporarily halts adding oil to the Strategic Petroleum Reserve, the measure Congress passed in an effort to lower gasoline prices. The legislation forbids adding to the stockpile until crude prices drop below $75 | SPR additions halted |

续表

| Date (MM/YY) | Oil Price ($ /barrel) | Events | Major Events |
|---|---|---|---|
| 09/08 | 93.57 | Hurricanes Gustav and Ike causes significant cuts in natural gas and crude oil production in the Gulf of Mexico | Hurricanes Gustav and Ike |
| 12/08 | 36.89 | OPEC agrees to cut production by 4.2 million barrels per day from their September output, effective January 1, 2009 | OPEC agrees to production cuts |

资料来源:EIA(www.eia.gov.com)

# 附录四　案例匹配算法 JAVA 程序

```
/*************************************************************************/
```

**本体匹配算法的 JAVA 程序(关键部分)**

```
/*************************************************************************/
    public class OntCosine implements LocalSimilarityFunction {
    ......
    public double compute (Object caseObject, Object queryObject) throws No Applicable
Similarity Function Exception
    {
    ......
    Instance i1 = (Instance)caseObject;
    Instance i2 = (Instance)queryObject;

    if(i1.equals(i2))
        return 1;

    OntoBridge ob = OntoBridgeSingleton.getOntoBridge();

    Set< String> sc1 = new HashSet< String> ();
    for(Iterator< String> iter = ob.listBelongingClasses(i1.toString());iter.hasNext
(); )
        sc1.add(iter.next());
    sc1.remove(ob.getThingURI());

    Set< String> sc2 = new HashSet< String> ();
    for (Iterator < String > iter = ob.listBelongingClasses (i2.toString ( ));
iter.hasNext(); )
        sc2.add(iter.next());
    sc2.remove(ob.getThingURI());

    double sc1size = sc1.size();
    double sc2size = sc2.size();
```

```
    sc1. retainAll(sc2);
    double intersectionsize = sc1. size();

    double res =   intersectionsize / (Math. sqrt(sc1size)* Math. sqrt(sc2size));
    return res;
        }


public class OntDeep implements LocalSimilarityFunction
{
    ……
    public double  compute (Object  caseObject,  Object  queryObject)  throws No Applicable
Similarity Function Exception
    {
    ……
    Instance i1 =  (Instance) caseObject;
    Instance i2 =  (Instance) queryObject;

    if (i1. equals(i2))
        return 1;

    OntoBridge ob =  jcolibri. util. OntoBridgeSingleton. getOntoBridge();

    double up =  ob. maxProfLCS(i1. toString(), i2. toString());
    double down;

    int prof1 =  ob. profInstance(i1. toString());
    int prof2 =  ob. profInstance(i2. toString());
    if (prof1 > prof2)
        down = prof1;
    else
        down = prof2;
    return up / down;
        }
public class OntDeepBasic implements LocalSimilarityFunction
    {
    ……
    public double  compute (Object  caseObject,  Object  queryObject)  throws No Applicable
```

```
Similarity Function Exception
    {
    Instance i1 = (Instance) caseObject;
    Instance i2 = (Instance) queryObject;
    if (i1.equals(i2))
        return 1;

    OntoBridge ob = jcolibri.util.OntoBridgeSingleton.getOntoBridge();

    double up = ob.maxProfLCS(i1.toString(), i2.toString());
    double down = ob.getMaxProf();

    return up / down;
    }
public class OntDetail implements LocalSimilarityFunction
{
    ……
    public double compute (Object caseObject, Object queryObject) throws No Applicable
Similarity Function Exception
    {

    Instance i1 = (Instance) caseObject;
    Instance i2 = (Instance) queryObject;

    if (i1.equals(i2))
        return 1;

    OntoBridge ob = OntoBridgeSingleton.getOntoBridge();

    Set< String> sc1 = new HashSet< String> ();
    for ( Iterator < String > iter = ob.listBelongingClasses (i1.toString ( ));
iter.hasNext();)
        sc1.add(iter.next());
    sc1.remove(ob.getThingURI());

    Set< String> sc2 = new HashSet< String> ();
    for ( Iterator < String > iter = ob.listBelongingClasses (i2.toString ( ));
```

```
iter.hasNext();)
        sc2.add(iter.next());
    sc2.remove(ob.getThingURI());


    sc1.retainAll(sc2);
    double intersectionsize = sc1.size();


    double res = 1 - (1 / (2 * intersectionsize));
    return res;
    }
    /************************************************************************/
```

## 等值匹配算法的 JAVA 程序(关键部分)

```
/************************************************************************/
/*  This function returns 1 if both individuals are equal, otherwise returns 0 * /
public class Equal implements Local Similarity Function {
    ……
    public double compute(Object o1, Object o2) throws exception.No Applicable Similarity
Function Exception{
        if ((o1 = = null) || (o2 = = null))
        return 0;
            return o1.equals(o2) ? 1 : 0;
    }
        /**Applicable to any class * /
    public boolean isApplicable(Object o1, Object o2)
    {
        return true;
    }
}
```

```
/************************************************************************/
```

## 区间匹配算法的 JAVA 程序(关键部分)

```
/************************************************************************/
/** This function returns the similarity of two number inside an interval.
*  sim(x,y)= 1- (|x- y|/interval)
    ……
            Number i1 = (Number) o1;
```

```
Number i2 = (Number) o2;
double v1 = i1.doubleValue();
double v2 = i2.doubleValue();
return 1 - ((double) Math.abs(v1 - v2) / _interval);
}
```

*********************************************************************

以上程序,未经作者许可,请勿使用。

# 附录五 Eclipse 中案例库构造的 JAVA 程序

```java
private MyOilShock()
    {
    }
    // My Oil Shock Query oil price;
    public void configure() throws ExecutionException {
    // TODO Auto-generated method stub
    try{
    _connector = new DataBaseConnector();
    _connector.initFromXMLfile(jcolibri.util.FileIO.findFile("oilshock/databaseconfigure.xml"));
    _caseBase = new LinealCaseBase();

    // Obtain a reference to OntoBridge
    OntoBridge ob = jcolibri.util.OntoBridgeSingleton.getOntoBridge();
    // Configure it to work with the Pellet reasoner
    ob.initWithPelletReasoner();

    // Setup the main ontology
    OntologyDocument mainOnto = new OntologyDocument("oilshockcause.owl",
                                FileIO.findFile("oilshock/oilshock.owl").toExternalForm());
    // There are not subontologies
    ArrayList< OntologyDocument> subOntologies = new ArrayList< OntologyDocument>
();
    // Load the ontology
    ob.loadOntology(mainOnto, subOntologies, false);
    }catch(Exception e){
    throw new ExecutionException(e);
    }
    }
    ………
    public void postCycle() throws ExecutionException {
```

```
// TODO Auto-generated method stub
_connector.close();
jcolibri.test.database.HSQLDBserver.shutDown();


}
public CBRCaseBase preCycle() throws ExecutionException {
// TODO Auto-generated method stub
_caseBase.init(_connector);
System.out.println("全部案例");


java.util.Collection<CBRCase> cases=_caseBase.getCases();


for(CBRCase c:cases)
{
    System.out.println(c);
}
System.out.print("当前案例总数是:");
int i= cases.size();
System.out.print(i);
return _caseBase;


}


/**
 * @param args
 */
public static void main(String[] args) {
// TODO Auto-generated method stub
jcolibri.test.database.HSQLDBserver.init();
MyOilShock mbb= new MyOilShock();
try{
mbb.configure();
  mbb.preCycle();
  ArrayList< CBRCase> curcases= new ArrayList< CBRCase> ();
```

```
////新问题描述
MyOilShockDes msd= new MyOilShockDes();
MyOilShockQuery oilshock_query= new MyOilShockQuery();
oilshock_query. setVisible(true);
if((oilshock_query. oilpricetext. getText()= = null)||(oilshock_query. oilpricetext. getText()
. equals("")))
    msd. setPrice(null);
else
        msd. setPrice(Double. valueOf (oilshock_query. oilpricetext. getText()));
            msd. setCause(oilshock_query. oilshock_cause. getSelectedInstance());
    if((oilshock_query. gdpinput. getText() = = null)||(oilshock_query. gdpinput. getText
().equals("")))
    msd. setCurgdp(null);
    else      msd. setCurgdp(Double. valueOf(oilshock_query. gdpinput. getText()));
    if((oilshock_query. cpiinput. getText()= = null)||(oilshock_query. cpiinput. getText()
. equals("")))
    msd. setCurcpi(null);
    else      msd. setCurcpi(Double. valueOf(oilshock_query. cpiinput. getText()));
    if((oilshock_query. imexinput. getText()= = null)||(oilshock_query. imexinput. getText
().equals("")))
    msd. setCurimex(null);
    else   msd. setCurimex(Double. valueOf(oilshock_query. imexinput. getText()));
    if((oilshock_query. uneminput. getText() = = null)||(oilshock_query. uneminput. getText ()
. equals("")))
    msd. setCurunem(null);
    else   msd. setCurunem(Double. valueOf(oilshock_query. uneminput. getText()));…………
    //相似性算法选择
simConfig =  new NNConfig();
// Set the average() global similarity function for the description of the case
simConfig. setDescriptionSimFunction(new Average());

if(oilshock_query. picesi. getSelectedIndex()= = 1)
{
simConfig. addMapping(new Attribute("price", MyOilShockDes. class), new Equal());
}
```

```
    else
    {
    simConfig. addMapping ( new Attribute ( " price ", MyOilShockDes. class ), new Interval
(Double. valueOf (oilshock_query. ppi. getText()))));
    simConfig. setWeight(new Attribute("price", MyOilShockDes. class), ((double)oilshock
_query. pws. getValue())/10);
    }
    switch(oilshock_query. cursesi. getSelectedIndex())
    {
    case 0:
    simConfig. addMapping(new Attribute("cause",MyOilShockDes. class), new OntCosine());
break;
    case 1:
    simConfig. addMapping(new Attribute("cause",MyOilShockDes. class), new OntDeep());
break;
    case 2:
    simConfig. addMapping(new Attribute("cause",MyOilShockDes. class), new OntDeepBasic
()); break;
    case 3:
    simConfig. addMapping(new Attribute("cause",MyOilShockDes. class), new OntDetail());
break;
    case 4:
    simConfig. addMapping(new Attribute("cause",MyOilShockDes. class), new Equal());
break;
    }
    simConfig. setWeight(new Attribute("cause",MyOilShockDes. class), ((double)oilshock_
query. causepw. getValue())/10);
    if(oilshock_query. gdpsi. getSelectedIndex()==1)
    simConfig. addMapping(new Attribute("curgdp",MyOilShockDes. class), new Equal());
    …… …… if ((oilshock_query. casenum. getText ( ) = = null) || (oilshock_
query. casenum. getText(). equals("")))
    k= 3;
    else
    k= Integer. parseInt(oilshock_query. casenum. getText());
    ////查询处理
```

```
mbb.cycle(qr);

mbb.postCycle();


}catch(Exception e) {

System.out.println(e.getMessage());

e.printStackTrace();
```
.........


*************************************************************************************

以上程序，未经作者许可，请勿使用。

*************************************************************************************